Rainer Wagner
Auf der Suche nach Erweckung
Geistliche Entwicklungen verstehen
100 Jahre Berliner Erklärung (1909-2009)

W0066171

Rainer Wagner

Auf der Suche nach Erweckung

Geistliche Entwicklungen verstehen –
100 Jahre Berliner Erklärung (1909-2009)

EDITION BIBELBUND

Impressum

Wagner, Rainer:
Auf der Suche nach Erweckung
Geistliche Entwicklungen verstehen
100 Jahre Berliner Erklärung (1909-2009)

ISBN 978-3-89436-691-9

Edition Bibelbund: Koproduktion der Christlichen
Verlagsgesellschaft mbH und Bibelbund e.V.
(www.bibelbund.de)

© Copyright 2009: Christliche Verlagsgesellschaft mbH
www.cv-dillenburg.de
Satz: CV Dillenburg
Umschlaggestaltung: Christoph Ziegeler, Bremervörde,
www.pixel-kraft.de
Druck: CPI Moravia Books, Pohorelice

Printed in Czech Republic

Inhalt

Einführung 9

Die „Berliner Erklärung" vom 15. September 1909 15

**1. Der geistliche Hintergrund der Christen in
   Deutschland bis zur Reformation** 21

Wie kam der christliche Glaube nach Deutschland? . . . 23
Die Christianisierung der Deutschen – eine Mission
   mit deutlichen Schwächen 24
Die Reformation, eine geistliche Erneuerung mit
   menschlichen Grenzen 26

**2. Das geistliche Leben Deutschlands in der Zeit
   des Pietismus bis zum Aufkommen der
   Pfingstbewegung** 31

Der Pietismus – Glaube und Leben kommen
   zusammen 31
Die kirchliche Lage vor der Erweckungsbewegung –
   eine Zeit des geistlichen Niedergangs 35
Die Erweckungsbewegung – Glaubensleben in
   glaubensschwachen Zeiten 37
Das allmähliche Aufkommen der Freikirchen 38
Das 19. Jahrhundert - Zeit vielfältiger geistlicher Frucht 39
Geistliche Impulse und Probleme durch die Oxforder
   Heiligungsbewegung 41
Die Lehre von der Geistestaufe – eine Wurzel späterer
   Fehlentwicklungen 42
Die Heiligungsbewegung erreicht Europa und
   Deutschland 43
Die Evangelisation wird durch vollmächtige
   Persönlichkeiten voran gebracht 46
Viele missionarische und missionarisch-diakonische
   Einrichtungen entstehen 50

Gnadau: Sammelbecken der innerkirchlich-pietistischen
Erweckungsbewegung 51

**3. Die Ursachen der große Krise der
Erweckungsbewegung** **53**

Das Vorfeld: Die Krise lag in der Luft 54
Begünstigt wurde die Krise durch die Lehren von der
Geistestaufe und vom „reinen Herzen" 55
Begünstigt wurde die Krise durch teilweise unnüchterne
Aspekte der Erweckung von Wales 59
Begünstigt wurde die Krise durch eine,
im 19. Jahrhundert, im pietistischen Raum
aufgekommene Heilungsbewegung 63
Der Auslöser der Krise: Die Entstehung der
Pfingstbewegung in den USA 65

**4. Wie die schwarmgeistige Krise die deutsche
Erweckungsbewegung erfasste** **70**

Der Weg der Pfingstbewegung nach Europa 70
Erste Nachrichten von der Pfingstbewegung werden in
Deutschland wohlwollend aufgenommen 71
Warnungen vorerst nur aus England 72
Die Brieger Woche 1907 steht hinter der neuen
Bewegung 73
Die ersten Pfingstversammlungen in Deutschland 75

5. Die verhängnisvollen Ereignisse von Kassel **76**

Nach Kassel ging es weiter 78

**6. Erste nüchterne Stimmen aus Deutschland
erheben Einspruch** **81**

Der Brief (in Auszügen) von Johannes Seitz
an die Leiter der Pfingstbewegung in Los Angeles
vom 7. Juli 1906 82

Weitere Wortmeldungen aus Gnadau und den Freien
   Gemeinden 85
Der Widerruf von Heinrich Dallmayer 85

**7. Versuche, die Einheit der Gemeinschafts-
bewegung aufrechtzuerhalten** **89**

Die Kompromisstagung von Barmen 89
Gnadau hält sich an den Burgfrieden 91
Einzelne versuchen über Schriften aufzuklären 91
Die Weiterentwicklung der Pfingstbewegung
   in der Zeit des Burgfriedens 93
Die Pfingstkonferenz von Hamburg 1908 93
Die erste Mülheimer Pfingstkonferenz 94

8. Wie es zur „Berliner Erklärung" kam **95**

Ein alter General stellt die entscheidende Frage 95
Die vorläufige Erklärung wird einem größeren Kreis zur
   Prüfung vorgelegt 96
Die freie Konferenzin Berlin 96
Die Hauptfeststellungen der Berliner Erklärung 79

**9. Die weitere Entwicklung nach der „Berliner
Erklärung"** **101**

9.1. Die weitere Entwicklung in der
   Gemeinschaftsbewegung 102
Die Trennung setzt sich weitgehend durch 103
Spannungen und Probleme wegen der unklaren
   Haltung der Neutralen 104
Die „Vandsburger Erklärung" und die Auflösung der
   Gruppe der Neutralen 105
Theologische Klärungen auf der Gnadauer
   Konferenz 108

9.2. Die weitere Entwicklung in der Pfingstbewegung . 111
Organisatorische Konsequenzen 111

Die Reihen der deutschen Pfingstbewegung werden
geschlossener 112
Die Pfingstbewegung antwortet mit der „Mülheimer
Erklärung" 113
Extreme treten bereits in der Anfangszeit auf 113
Einige führende Pfingstler erkennen den „Holzweg" der
Pfingstbewegung 115

**10. Die Entwicklung der Pfingstbewegung bis in die
Gegenwart** **118**

Die weitere Entwicklung der Weltpfingstbewegung .. 119
Die weitere Entwicklung der deutschen und
Weltpfingstbewegung 122

**11. Die deutschen Evangelikalen rücken zum großen
Teil von der „Berliner Erklärung" ab** **133**

Weshalb rückt man von der „Berliner Erklärung" ab? . 133
Die Bedeutung der Kasseler Erklärung und der
    Gemeinsamen Erklärung der Gnadauer und der
    Mülheimer 135
Gnadau 2009: Der alte Irrweg – Vandsburg1910 138

Anhang aktueller Dokumente **148**

Gemeinsame Erklärung des Hauptvorstandes der
    „Deutschen Evangelischen Allianz" (DEA), des
    Mülheimer Verbandes Freikirchlich-Evangelischer
    Gemeinden zur „Berliner Erklärung" von 1909 und
    des Präsidiums des „Bundes Freikirchlicher
    Pfingstgemeinden" (BFP) 148
Gemeinsame Erklärung des Evangelischen Gnadauer
    Gemeinschaftsverbandes und des Mülheimer
    Verbandes Freikirchlich-Evangelischer
    Gemeinden 152

Endnoten 154

Einführung

Es ist 100 Jahre her, dass sechsundfünfzig der damals bekanntesten Vertreter der deutschen Gemeinschaftsbewegung und der Evangelischen Allianz in Berlin zusammenkamen, um eine Erklärung zu verfassen, in der sie sich von der neu aufgekommenen Pfingstbewegung distanzierten.

Es ist 100 Jahre her, dass mit dieser Erklärung der letzte Schritt zur Spaltung der damaligen Gemeinschaftsbewegung, denn in ihren Kreisen kam die deutsche Pfingstbewegung auf, vollzogen wurde.

War es ein mutiger Schritt, durch den die Autoren der „Berliner Erklärung" in geistlicher Verantwortung „warnend ihre Stimme gegen die sogenannte Pfingstbewegung" erhoben?[i] Oder war es die inquisitorische Äußerung fanatischer Pharisäer, die das neue Wirken des Heiligen Geistes nicht akzeptieren wollten?

Die als „Berliner Erklärung" bekannt gewordene Stellungnahme hat die geistliche Landschaft Deutschlands im 20. Jahrhundert entscheidend mitgeprägt. Viele reden über sie, ja verurteilen sie, ohne ihren Inhalt jemals wirklich zur Kenntnis genommen zu haben. Deshalb ist Aufklärung dringend notwendig.

Mit der „Berliner Erklärung" vom 15. September 1909, wurde ein Damm gegen die damals immer stärker werdende Gefahr eines schwärmerischen Abgleitens großer Teile der Gemeinde Jesu in Deutschland errichtet.[ii] Die Initiatoren, die überwiegend aus der pietistischen Gemeinschaftsbewegung und den mit ihnen verbundenen Kreisen der Evangelischen Allianz kamen, widerstanden mit der „Berliner Erklärung" nicht nur der seit 1907 aus den USA kommenden Pfingstbewegung, sondern sie korrigierten mit dieser Erklärung auch theologischen und seelsorgerlichen Fehlentwicklungen[1], die schon Jahrzehnte vor der „Berliner Erklärung" in der damaligen Erweckungsbewegung um sich gegriffen hatten.[iii] Durch diese Erklärung wurde, anders als in vielen anderen Ländern, über lange Zeit die religiöse Schwärmerei aus den evangelistisch arbeitenden Landeskirchlichen Gemeinschaften, Glaubenswerken und Freikirchen in Deutschland weitgehend herausgehalten.[2]

Durch die „Berliner Erklärung" ging die deutsche Pfingstbewegung in ein Ghetto, aus dem heraus sie ihre Schwärmerei und Sonderlehren nur schwer in die bestehenden Gemeinden und Gemeinschaften einstreuen konnte.[iv] Wie überall in der Welt spaltete sich die Pfingstbewegung bald in unterschiedliche Gruppen und Grüppchen[3], die sich teils gegenseitig bekämpfen und verketzern. Trotzdem gehen heute alle pfingstlichen Gruppierungen davon aus, dass der Geist der Pfingstbewegung ursprünglich als Erweckung von Gott kam.[v]

Die „Berliner Erklärung" ist auch auf dem kirchengeschichtlichen Hintergrund Deutschlands von Bedeutung. Schon immer waren Schwärmereien eine Gefährdung der Gemeinde. Vom Mittelalter angefangen über die Reformation, den alten Pietismus und die Zeit der Erweckungsbewegung des 19. Jahrhunderts bis in die heutige Zeit, musste sich die Gemeinde Jesu mit Abirrungen und schwärmerischen Tendenzen auseinandersetzen. Oft trugen diese schwärmerischen

---

[1] Seit 1874 verbreitete sich eine perfektionistische Heiligungslehre unter den Erweckten in Deutschland. Ihr Hauptvertreter im deutschsprachigen Raum, der pietistische Theologe Pfarrer Jellinghaus, hat sich schon 1906, drei Jahre vor der „Berliner Erklärung", von ihr distanziert.

[2] Hermann Schöpwinkel, erklärte: „Wäre, menschlich gesprochen, die Berliner Erklärung nicht gekommen, so wäre die durch Gottes Gnade und Heiligen Geist entstandene Deutsche Gemeinschaftsbewegung samt der Evangelischen Allianz in einem Sumpf der Hölle geendet."

[3] Spaltung wurde zu einem typischen Kennzeichen dieser Bewegung.

Bewegungen erkennbar deutlich okkulte Züge[4]. Die „Berliner Erklärung" nahm auf diese früheren Einflüsse Bezug.[vi] Denn auch in der Pfingstbewegung offenbarten sich Geister, Kräfte und Phänomene, die aus okkulten Zusammenhängen und heidnischen Kulten bekannt waren.

Erst seit dem Eindringen der Charismatischen Bewegung in Teile der Evangelischen und Katholischen Kirche änderte sich die Akzeptanz der Pfingstbewegung in Deutschland[5]. Durch die sogenannte Charismatische Bewegung drangen pfingstliche Elemente auch in Freikirchen und Gemeinschaften ein.

Die deutsche Pfingstbewegung hatte mehrere Hintergründe: Besonders wirksam war eine damals unter den evangelikalen Christen[6] in Deutschland gepflegte überzogene Heiligungslehre. Dazu kam Sehnsucht nach immer neuen Glaubengefühlen und die teilweise ekstatischen Frömmigkeitsäußerungen der in den USA entstanden „Los Angeles-Bewegung", die die Mutter der weltweiten Pfingstbewegung wurde.

Aufgrund kirchengeschichtlicher Besonderheiten Deutschlands[7] hatte Anfangs vor allem die aus dem Pietismus kom

---

[4] Z. B. der Irvingianismus, der seit 1810 auch in Deutschland an Einfluss gewann. Über die Neuapostolische Kirche, die in Deutschland entstand, gewann er großen Einfluss.

[5] Hier ist u.a. der amerikanische lutherische Pfarrer Larry Christenson eine Schlüsselfigur. Im Gegensatz zur Pfingstbewegung versucht die Charismatische Bewegung, keine neuen Kirchen zu gründen, sondern vorhandene Kirchen mit ihren Gedanken zu durchdringen. 1967 tauchte sie erstmals in Deutschland auf. Christenson hielt auf Einladung von Pfarrer Arnold Bittlinger einen ersten Vortrag in der Evangelischen Akademie der Pfalz in Enkenbach.

[6] Die Bezeichnung „evangelikal" war damals nicht üblich. Weil sie aber heute ein Begriff ist, der erweckliche, pietistische und freikirchliche Kräfte und Frömmigkeit umfasst und allgemein bekannt ist, benutze ich diese Bezeichnung.

[7] Es gab fast das ganze Volk erfassende Landeskirchen. Die Obrigkeit setzte deren Monopol mit all ihr zur Verfügung stehenden Mitteln durch. Freikirchen konnten sich erst ab der Mitte des 19. Jahrhunderts bilden. So

mende innerkirchliche Gemeinschaftsbewegung Probleme mit der Pfingstbewegung. Die deutsche Pfingstbewegung entstand als Abspaltung der zumeist im Gnadauer Verband zusammengeschlossenen Landeskirchlichen Gemeinschaften. Deshalb hatte der größte Teil der damaligen Akteure auf beiden Seiten einen landeskirchlich-pietistischen Hintergrund.

Von Anfang an war die „Berliner Erklärung" den Pfingstlern und ihren geistig Verwandten ein Ärgernis. War man doch davon überzeugt, dass der in den Pfingstgemeinden bestimmende Geist der Träger einer großen endzeitlichen Erweckung sein würde.[vii] Die geistlichen Verantwortungsträger, die hinter der „Berliner Erklärung" standen, wurden schon im Anfang von sogenannten Propheten der Pfingstbewegung als „Füchse, Wölfe, giftige Schlangen" bezeichnet, die der Herr „verwerfen, verbrennen, wegstoßen, verfluchen" wird.[viii] Gleichzeitig machten die Pfingstler die „Berliner Erklärung" für die größten Verbrechen und Katastrophen des 20. Jahrhunderts wie den Zweiten Weltkrieg und die Berliner Mauer verantwortlich.[ix] Auch werden von interessierter Seite seit Jahrzehnten Fehlinformationen über die „Berliner Erklärung" verbreitet. So z. B. die Behauptung die „Berliner Erklärung" besage, dass jedes aktive Mitglied der Pfingstbewegung dämonisch besessen sei.[x]

Durch das Eindringen der Charismatischen Bewegung in die evangelikale Landschaft errangen die Pfingst- und die ihr verwandte Charismatische Bewegung seit den achtziger Jahren des 20. Jahrhunderts auch in Deutschland die Anerkennung, die sie lange angestrebt hatten. Ihre in vielen pfingstlerischen Prophezeiungen immer wieder vorgetragene Vision einer feierlichen Rücknahme der „Berliner Erklärung" blieb zwar bis heute nur ein Wunschtraum[xi], aber indem sie seit 1996 von der Deutschen Evangelischen Allianz und seit

---

sammelten sich die Erweckten weitgehend in Landeskirchlichen Gemeinschaften, die mehr oder weniger mit den Kirchen verbunden waren.

2009 vom Gnadauer Verband nicht mehr als pietistisches Bekenntnis angesehen, sondern zur zeitgebundenen Aussage Einzelner erklärt wurde, ist die „Berliner Erklärung" für die heutige Arbeit der Evangelikalen relativiert.[xii]

Heute wird, im Gegensatz zu den Forderungen der „Berliner Erklärung", auf fast allen Ebenen der evangelikalen Bewegung mit der Pfingstbewegung und der Charismatischen Bewegung zusammengearbeitet. Nicht nur über ihr Liedgut und die in charismatischen Kreisen entstandenen Anbetungsformen, sondern auch über pfingstlerisch-theologische Ansätze beeinflusst der Geist der Pfingstbewegung die Evangelikalen.

100 Jahre nach der „Berliner Erklärung" ist es deshalb sinnvoll die „Berliner Erklärung" neu bekannt zu machen sowie einige kaum geläufige Hintergrundinformationen zum Inhalt, zum Zustandekommen und zu den Motiven der Initiatoren ins Bewusstsein zu rufen. Auch ist es von Bedeutung, die heute teilweise nicht mehr so bekannten Persönlichkeiten, die in den damaligen Auseinandersetzungen eine Rolle spielten, etwas näher kennenzulernen.

Uns beschäftigen die Fragen:
• Auf welchem geistlichen Hintergrund kam es zur „Berliner Erklärung"?
• Wer waren die Initiatoren der „Berliner Erklärung"?
• War die „Berliner Erklärung" mit ihren folgerichtigen Konsequenzen eine Notwendigkeit?
• War die „Berliner Erklärung" ein Segen oder ein Hindernis für die Gemeinde Jesu in Deutschland?
• Stellt die „Berliner Erklärung" auch heute noch ein hilfreiches Zeugnis für die Gemeinde unserer Tage dar?

Wir wollen uns diesen Fragen, aus theologischer, kirchengeschichtlicher und seelsorgerlicher Sicht annähern. Das wollen wir ohne Fanatismus oder ungeistliche Härte tun.

Gleichzeitig müssen wir aber dem Wort Gottes treu bleiben und dürfen keine falschen Kompromisse schließen.

Bei aller geboten Deutlichkeit soll diese Standortbestimmung keine Kampfschrift, sondern eine Information, Erinnerung und Handreichung sein.

Zur Orientierung stellen wir den Text der „Berliner Erklärung" mit den Unterschriften der sechundfünfzig Erstunterzeichner an den Anfang.

Die Berliner Erklärung vom 15. September 1909

Die unterzeichnenden Brüder erheben warnend ihre Stimme gegen die sogenannte Pfingstbewegung.

1. Wir sind nach ernster gemeinsamer Prüfung eines umfangreichen und zuverlässigen Materials vor dem Herrn zu folgendem Ergebnis gekommen:

   a) Die Bewegung steht in untrennbarem Zusammenhang mit der Bewegung von Los Angeles, Christiana, Hamburg, Kassel, Großalmerode.

      Die Versuche, diesen Zusammenhang zu leugnen, scheitern an den vorliegenden Tatsachen.

   b) Die sogenannte Pfingstbewegung ist nicht von oben, sondern von unten; sie hat viele Erscheinungen mit dem Spiritismus gemein. Es wirken in ihr Dämonen, welche, vom Satan mit List geleitet, Lüge und Wahrheit vermengen, um die Kinder Gottes zu verführen. In vielen Fällen haben sich die sogenannten „Geistbegabten" nachträglich als besessen erwiesen.

   c) An der Überzeugung, dass diese Bewegung von unten her ist, kann uns die persönliche Treue und Hingebung einzelner führender Geschwister nicht irre machen, auch nicht die Heilungen, Zungen, Weissagungen usw., von denen die Bewegung begleitet ist.

      Schon oft sind solche Zeichen mit ähnlichen Bewegungen verbunden gewesen, z.B. mit dem Irvingianismus, ja selbst mit der „christlichen Wissenschaft" (Christian Science) und dem Spiritismus.

   d) Der Geist in dieser Bewegung bringt geistige und körperliche Machtwirkungen hervor, dennoch ist es ein falscher Geist. Er hat sich als solcher entlarvt.

      Die hässlichen Erscheinungen wie Hinstürzen,

Gesichtszuckungen, Zittern, Schreien, widerliches, lautes Lachen usw. treten auch diesmal in Versammlungen auf. Wir lassen dahingestellt, wie viel davon dämonisch, wie viel hysterisch oder seelisch ist, gottgewirkt sind solche Erscheinungen nicht.

e) Der Geist dieser Bewegung führt sich durch das Wort Gottes ein, drängt es aber in den Hintergrund durch sogenannte „Weissagungen" (vgl. 2Chr 18,18-22). Überhaupt liegt in diesen Weissagungen eine große Gefahr, nicht nur haben sich in ihnen handgreifliche Widersprüche herausgestellt, sondern sie bringen da und dort Brüder und ihre ganze Arbeit in sklavische Abhängigkeit von diesen „Botschaften". In der Art ihrer Übermittlung gleichen die letzteren den Botschaften spiritistischer Medien.

Die Übermittler sind meist Frauen. Das hat an verschiedenen Punkten der Bewegung dahin geführt, dass gegen die klaren Weissagungen der Schrift Frauen, sogar junge Mädchen, leitend im Mittelpunkt stehen.

2. Eine derartige Bewegung als von Gott geschenkt anzuerkennen, ist uns unmöglich. Es ist natürlich nicht ausgeschlossen, dass in den Versammlungen die Verkündigung des Wortes Gottes durch die demselben innewohnende Kraft Früchte bringt. Unerfahrene Geschwister lassen sich durch solche Segnungen des Wortes Gottes täuschen. Diese ändern aber an dem Lügencharakter der ganzen Bewegung nichts (vgl. 2Kor 11,3.4.14).

3. Die Gemeinde Gottes in Deutschland hat Grund, sich tief zu beugen darüber, dass diese Bewegung Aufnahme finden konnte. Wir alle stellen uns wegen unserer Mängel und Versäumnisse, besonders auch in der Fürbitte, mit unter diese Schuld. Der Mangel an biblischer Erkenntnis und Gründung, an heiligem Ernste und Wachsamkeit, eine oberflächliche Auffassung von Sünde und Gnade, von Bekehrung und Wiedergeburt, eine willkürliche Auslegung der Bibel, die

Lust an neuen aufregenden Erscheinungen, die Neigung zu Übertreibungen, vor allem aber auch Selbstüberhebung, – das alles hat dieser Bewegung die Wege geebnet.

4. Insonderheit aber ist die unbiblische Lehre vom sogen. „reinen Herzen" für viele Kreise verhängnisvoll und für die sogen. Pfingstbewegung förderlich geworden. Es handelt sich dabei um den Irrtum, als sei die „innewohnende Sünde" in einem begnadigten und geheiligten Christen ausgerottet. Wir halten fest an der Wahrheit, dass der Herr die Seinigen vor jedem Straucheln und Fallen bewahren will und kann (1Thes 5,23; Jud 24.25; Hebr 13,21) und dass dieselben Macht haben, durch den Heiligen Geist über die Sünde zu herrschen. Aber ein „reines Herz", das darüber hinausgeht, auch bei gottgeschenkter, dauernder Bewahrung mit Paulus demütig sprechen zu müssen: „Ich bin mir selbst nichts bewusst, aber dadurch bin ich nicht gerechtfertigt", empfängt der Mensch überhaupt auf Erden nicht. Auch der gefördertste Christ hat sich zu beugen vor Gott, der allein Richter ist über den wahren Zustand der Herzen, vgl. 1Kor 4,4.

„Wenn wir sagen, dass wir keine Sünde haben, so verführen wir uns selbst, und die Wahrheit ist nicht in uns", 1Jo 1,8.

In Wahrheit empfängt der Gläubige in Christo ein fleckenlos gereinigtes Herz, aber die Irrlehre, dass das Herz in sich einen Zustand der Sündlosigkeit erreichen könne, hat schon viele Kinder Gottes unter den Fluch der Un- aufrichtigkeit gegenüber der Sünde gebracht, hat sie getäuscht über Sünden, die noch in ihrer Gedankenwelt, in ihren Versäumnissen oder in ihrem Zurückbleiben hinter den hohen Geboten Gottes in ihrem Leben liegen. Es kann nicht genug ermahnt werden, für die Sünde ein Auge sich zu bewahren, welches nicht getrübt ist durch eine mensch- lich gemachte Heiligung oder durch eine eingebildete Lehre von der Hinwegnahme der Sündennatur.

Mangelnde Beugung über eigene Sünde verschließt den Weg zu neuen Segnungen und bringt unter den Einfluss des Feindes. Traurige Erfahrungen in der Gegenwart zeigen, dass da, wo man einen Zustand von Sündlosigkeit erreicht zu haben behauptet, der Gläubige dahin kommen kann, dass er nicht mehr fähig ist, einen Irrtum zuzugeben, geschweige denn zu bekennen. Eine weitere traurige Folge falscher Heiligungslehre ist die mit ihr verbundene Herabsetzung des biblischen, gottgewollten ehelichen Lebens, indem man mancherorts den ehelichen Verkehr zwischen Mann und Frau als unvereinbar mit wahrer Heiligung hinstellt, vgl. 1Mo 1,28 und Eph 5,31.

5. In der sogenannten „Pfingstbewegung" steht in Deutschland Pastor Paul als Führer vor der Öffentlichkeit. Er ist zugleich der Hauptvertreter der vorstehend abgewiesenen unbiblischen Lehren. Wir lieben ihn als Bruder und wünschen ihm und der Schar seiner Anhänger in Wahrheit zu dienen. Es ist uns ein Schmerz, gegen ihn Stellung nehmen zu müssen. An Aussprachen mit ihm und an Ermahnungen im engeren und weiteren Brüderkreis hat es nicht gefehlt. Nachdem alles vergeblich war, müssen wir nun um seinet- und der Sache Gottes willen hiermit aussprechen: Wir, die unterzeichnenden Brüder, können ihn als Führer und Lehrer in der Gemeinde Jesu nicht mehr anerkennen. Wir befehlen ihn in Liebe, Glaube und Hoffnung der zurechtbringenden Gnade des Herrn.

6. Wir glauben, dass es nur ein Pfingsten gegeben hat, Apg 2. Wir glauben an den Heiligen Geist, welcher in der Gemeinde Jesu bleiben wird in Ewigkeit, vgl. Joh 14,16. Wir sind darüber klar, dass die Gemeinde Gottes immer wieder erneute Gnadenheimsuchungen des Heiligen Geistes erhalten hat und bedarf. Jedem Einzelnen gilt die Mahnung des Apostels: „Werdet voll Geistes!", Eph 5,18. Der Weg dazu ist und bleibt völlige Gemeinschaft mit dem gekreuzigten, auferstandenen und erhöhten Herrn. In ihm wohnt

die Fülle des Geistes leibhaftig, aus der wir nehmen Gnade um Gnade.

Wir erwarten nicht ein neues Pfingsten; wir warten auf den wiederkommenden Herrn.

Wir bitten hiermit alle unsere Geschwister um des Herrn und seiner Sache willen, welche Satan verderben will: Haltet euch von dieser Bewegung fern!

Wer aber von euch unter die Macht dieses Geistes geraten ist, der sage sich los und bitte Gott um Vergebung und Befreiung. Verzaget nicht in den Kämpfen, durch welche dann vielleicht mancher hindurchgehen wird. Satan wird seine Herrschaft nicht leichten Kaufes aufgeben. Aber seid gewiss: Der Herr trägt hindurch! Er hat schon manchen frei gemacht und will euch die wahre Geistesausrüstung geben.

Unsere feste Zuversicht in dieser schweren Zeit ist diese: Gottes Volk wird aus diesen Kämpfen gesegnet hervorgehen!

Das dürft auch ihr, liebe Geschwister euch sagen, die ihr erschüttert vor den Tatsachen steht, vor welche unsere Worte euch stellen. Der Herr wird den Einfältigen und Demütigen Licht geben und sie stärken und bewahren.

Wir verlassen uns auf Jesum, den Erzhirten. Wenn jeder dem Herrn und seinem Worte den Platz einräumt, der ihm gebührt, so wird er das Werk seines Geistes, das er in Deutschland so gnadenreich angefangen hat, zu seinem herrlichen, gottgewollten Ziele durchführen.

Wir verlassen uns auf ihn, der da spricht: „Meine Kinder und das Werk meiner Hände lasset mir anbefohlen sein!", Jes 45,11.

Berlin, den 15. September 1909

Bähren, Hannover; Bartsch, Charlottenburg; Blecher, Friedrichshagen; Broda, Gelsenkirchen; A. Dallmeyer, Leipzig; Dolmann, Wandsbek; Engel, Neurode; Evers, Rixdorf; Frank,

Hamburg; Grote, Oberfischbach; Hermann, Berlin; Heydorn, Frankfurt a. Oder; Huhn, Freienwalde a. Oder; Ihloff, Neumünster; Jörn, Berlin; Kmitta, Preuss.-Bahnau; Knippel, Duisburg; Köhler, Berlin; Graf Korff, Hannover; Kühn, Gr. Lichterfelde; Lammert, Berlin; Lohe, Breslau; K. Mascher, Steglitz; Fr. Mascher, Lehe i. Hannover; Meister, Waldenburg i. Schlesien; Merten, Elberfeld; Michaelis, Bielefeld; Freiherr v. Patow, Zinnitz; Rohrbach, Charlottenburg; von Rothkirch, Berlin; Rudersdorf, Düsseldorf; Ruprecht, Herischdorf; Sartorius, Sterbfritz; Scharwächter, Leipzig; Schiefer, Neukirchen; Schopf, Witten a. d. Ruhr; Schrenk, Barmen; Schütz, Berlin; Schütz, Rawitsch; Seitz, Teichwolframsdorf; Simoleit, Berlin; Stockmayer, Hauptweil; Freiherr von Thiele-Winckler, Rothenmoor; Thiemann, Marklissa; von Tresckow, Camenz i. Schlesien; Freiherr von Thümmler, Selka; M. Urban, Kattowitz; Urbschat, Hela; Vasel, Königsberg; von Viebahn, Stettin; Wächter, Frankfurt a. Main; Wallraff, Berlin; Warns, Berlin; Wittekindt, Wernigerode a. Harz; Wüsten, Görlitz; von Zastrow, Gr. Breesen;

Nachschrift
Zustimmung zu vorstehender Erklärung sind erbeten an Pastor Wittekindt, Wernigerode am Harz, Papental 15.

1. Der geistliche Hintergrund der Christen in Deutschland bis zur Reformation

Der Inhalt und der Mittelpunkt des Evangeliums ist die Information, dass Gott uns Menschen mit unvergleichlicher Liebe liebt (Joh 3,16). Aus reiner Gnade vergibt er uns unsere Sünden (Eph 2,8). Voraussetzung dieser Gnade war, dass Gottes Sohn, Jesus Christus, am Kreuz die Strafe für unsere Sünden auf sich nahm (Jes 53,5). Wer dieses Evangelium im Glauben annimmt, ist gerettet für Zeit und Ewigkeit (Röm 3,28).

Die schlichte Annahme dieser Liebe Gottes, scheint aber vielen Menschen zu einfach zu sein. Sie können es nicht glauben, dass es so einfach ist, gerettet zu werden. Auch möchten viele religiöse Menschen Gottes Nähe und Handeln menschlich fühlen. Viele sind der Meinung, dass sie selbst noch etwas zum Heil beitragen müssten. Durch diesen seltsamen Glauben fehlt ihnen die innere Gewissheit des Heils. Deshalb sehnen sie sich nach seelischen und körperlichen Zeichen als „Beweis" für die Richtigkeit ihres Glaubens. Über diese Leistungen und Empfindungen erhoffen sie, in besonderer Weise das Wohlwollen Gottes fühlen zu können. Solche Religiosität und Ideen kamen schon unter den ersten Christen auf. Neben der an der Bibel orientierten Glaubenshaltung begannen einige mit asketischen und enthusiastischen Glaubensübungen. In sich selbst haben diese Glaubensübungen keinen geistlichen Wert (1Kor 3,3). Derartige Frömmigkeitsformen kennt man nicht nur unter Christen, sondern sie sind in fast allen heidnischen Religionen bekannt (1Kön 18,28). Zwar erwähnt auch das Neue Testament positiv besondere Offenbarungserfahrungen (2Kor 12,2), aber sie hatten nur eine untergeordnete Bedeutung. Paulus erwähnt, dass sie die Gefahr des Hochmuts mit sich bringen (2Kor 12,7). Besonders dem oft auch ekstatisch auftretenden Zungenreden, das nur den Korinthern gegenüber als geistliche Gabe erwähnt wird (1Kor 12,10), werden durch den Apostel Paulus enge Grenzen gesetzt (1Kor 14,9.19.27-27). Im letzten Buch der Bibel wird Wert darauf gelegt, dass die Neu-offenbarung Gottes mit der Niederschrift dieses letzten biblischen Buches abgeschlossen ist (Offb 22,18-19).[8]

Viele Christen nahmen und nehmen bis zum heutigen Tag diese nüchternen Aussagen der Heiligen Schrift kaum zur Kenntnis. Sie streben weiter nach Sonderoffenbarungen durch Visionen, Gefühle oder übernatürliche Einwirkungen.

Schon nach dem Tod der Apostel kamen deshalb am Rand der Gemeinden asketische und enthusiastische Bewegungen auf. Zeitweise waren diese Bewegungen sehr stark wie die Gruppe der Montanisten im 2. Jahrhundert[9]. Unter den ersten christlichen Einsiedlern, den Vorläufern des Mönchtums, wurden diese Bestrebungen manifestiert.

Die schwärmerischen Fehlentwicklungen in den ersten Jahrhunderten der Kirche wiederholten sich in der späteren Kirchengeschichte in jeweils der neuen Zeit entsprechenden neuen Formen. Deshalb sind auch die Erfahrungen mit früheren Schwärmereien bei der Beurteilung der Pfingst-

---

[8] Auf andere Datierungen der Abfassungszeit der biblischen Bücher, die von liberalen Theologen vertreten werden, kann hier nicht näher eingegangen werden.

[9] Montanisten waren die Anhänger des seit 157 n.Chr. öffentlich auftretenden ehemaligen Apollos-Priester Montanus. Sie vertraten eine schwärmerisch-charismatische Endzeitlehre, die asketische Züge trug. So verwarf man die Ehe und verlangte, zwei Tage in der Woche zu fasten, was auch das Baden mit einschloss. Von einigen Auswüchsen abgesehen, blieb der Montanismus im Spektrum der gesamtchristlichen Lehre. Die zwei führenden Prophetinnen, Priska und Maximilla, verließen, nachdem sie sich zu dieser Form des Christentums bekehrten, ihre Ehen. Weissagungen, eine übertriebe Endzeiterwartung und das Zungenreden prägten diese, lange Zeit inner-kirchlich gebliebene Bewegung. Erst 207 n.Chr. kam es in Karthago zur Trennung.

bewegung und der aus ihr hervorgegangen Charismatischen Bewegung von Bedeutung.

Wie kam der christliche Glaube nach Deutschland?

Zwar gab es in Deutschland bei unseren germanischen Vorfahren schon seit dem frühen Mittelalter und teilweise schon seit der Römerzeit Christen. Aber nur selten wurde das Evangelium ganz frei von gravierenden Irrtümern verkündigt. Irrlehren[10], Gesetzlichkeit[11] und gefühlsbetonte Glaubensübungen[12] überlagerten sehr häufig die Botschaft der Bibel.[13]

Um die Entwicklung bis zur „Berliner Erklärung" besser verstehen zu können, hilft uns ein Blick in die Anfänge des Christentums in Deutschland. Positive und negative Entwicklungen aus dieser Zeit beeinflussten die Weiterentwicklung des Christentums.

Auch ist es notwendig zu analysieren, in welchem geistlichen Umfeld es am Ende des 19. und beginnenden 20. Jahrhunderts zur „Berliner Erklärung" kam. Deshalb ist ein Blick auf die Erweckungsbewegung vor dem Aufkommen der Pfingstbewegung hilfreich.

Die Christianisierung der Deutschen – eine Mission mit deutlichen Schwächen

Seit dem vierten Jahrhundert fand der christliche Glaube unter den germanischen Stämmen Eingang. Allerdings zuerst in Gestalt einer Fehlentwicklung, der Irrlehre des Arianismus.[xiii] Die Arianer stellten die volle Göttlichkeit Jesu infrage,

---

[10] Selbst im Blick auf die Dreieinigkeit.

[11] Besonders in der mittelalterlichen Kirche, die bis zum Erkaufen der vergebenden Gnade Gottes im Ablasshandel führte.

[12] In der Mystik, in Randerscheinungen des Pietismus und in vielfältigen Frömmigkeitsformen, durch die man Gottes Nähe fühlen möchte.

[13] Die Reformation und die in Deutschland entstandene pietistische Bewegung wollten die Rechtfertigungslehre als Zentrum der biblischen Botschaft den Menschen wieder neu nahebringen.

vergleichbar mit der Lehre der heutigen Zeugen Jehovas. Im Laufe der Völkerwanderung und der germanischen Expansion nach Osten zu den Sachsen und Slaven breitete sich der christliche Glaube weiter unter den Deutschen aus.[xiv] Die Christianisierung der Germanen geschah aber zumeist nicht durch Mission, in der der Einzelne zur Buße und in die Nachfolge Jesu gerufen wurde, sondern durch Übertritt der Könige und Fürsten vom heidnischen Kult zur Kirche. Diese nötigten dann ihre Untertanen, teilweise sogar mit Gewalt, zur Annahme des Christentums. Oft wurden ganze Stämme wie die Sachsen mit militärischem Druck zur Übernahme des christlichen Bekenntnisses gezwungen.[xv] Die Folge dieser Christianisierung war, dass die zwangsweise zum Christentum genötigten Menschen, Elemente ihres heidnischen Kultes in den neuen Glauben hineinnahmen. So vermischten sich heidnisch-magische und okkult-mystische Elemente mit den christlichen Glaubensausübungen.[xvi] Während die Kirche, an deren Spitze der Bischof von Rom (Papst) stand, dieses Eindringen heidnischer Frömmigkeit durchaus duldete, versuchte sie auch mit politischen Mitteln, teils durch den Einsatz geeigneter Persönlichkeiten, die arianische Irrlehre zu verdrängen und die selbstständigen arianischen Kirchen der Germanen unter den Einfluss Roms zu bringen. Ein besonders erfolgreicher Vertreter Roms war Bonifatius (754 ermordet), der neben katholischer Mission unter den heidnischen Stämmen wie den Friesen die bereits arianisch christianisierten Regionen unter die religiöse Vormacht Roms brachte. Er richtete zu diesem Zweck katholische Bischofssitze, Bistümer genannt, ein und gründete eine Vielzahl von Klöstern in Deutschland. Diese Klöster wurden zu religiösen und kulturellen Zentren der Regionen.

Parallel dazu verbreiteten als Wanderprediger auftretende, irische und schottische Mönche die christliche Lehre in der Bevölkerung. Sie waren die eigentlichen Missionare Deutschlands. Durch ihren Dienst setzte sich der christliche Glaube langsam in der Bevölkerung durch. Im Mittelalter war die katholische Lehre zur allgemeinen Weltanschauung der Deutschen geworden.

Allerdings erkannten schon damals manche Christen die Unzulänglichkeit dieses wie eine Ideologie übernommenen Glaubens. Es kam zu verschiedenen Reformbewegungen, sowohl innerhalb wie auch außerhalb der Kirche. Es gab Versuche, die Klöster, die oft geistlich verflacht waren, zu reformieren. Es kam zu Gründungen von neuen Ordensgemeinschaften. Da die Kirche, die selbst eine politische Macht geworden war, diese Bemühungen nicht immer förderte, entstanden Glaubensbewegungen neben der Kirche, wie die Albigenser oder die Waldenser. Sie wurden von der Kirche mit Misstrauen betrachtet und oft rücksichtslos verfolgt.[xvii] Prägend in den Kreisen dieser religiösen Dissidenten war oft eine Rückbesinnung auf die Bibel als Grundlage des Glaubens.[14]

Neben der Rückbesinnung zur Quelle des Glaubens in der Bibel versuchten einige christliche Persönlichkeiten in religiösen Gefühlen und Erfahrungen, Gott direkt zu erleben. Man nennt diese sehr einflussreiche kirchliche Bewegung „die Mystik".[xviii] Bekannt wurden hier neben dem Theologen Eckhart von Hohenheim, genannt Meister Eckehart (1260-1328), auch verschiedene Nonnen und Mönche. Unter den Mystikern entwickelte sich eine schon aus der alten Kirche bekannte Weltflucht, oft zusammen mit extremer Askese. Im Glauben dieser Menschen überlagerten Phantasien und

---

[14] Am Rande der geistlichen Bewegungen gab es aber immer auch politische und religiöse Schwärmer. Z.B. bei den Hussiten: „ Man muss bei den Hussiten den gemäßigten und extremen Flügel unterscheiden. Die Radikalen unter dem Kommando von Ziska gingen brutal, verwüstend und mordend vor. Die Adeligen und Bürger von Prag hingegen waren zum Großteil moderat, sie verlangten die Freiheit der Predigt, den Laienkelch in der Eucharistiefeier und die apostolische Armut des Klerus. (http://www.premontre.org/subpages/hagiologion/hag-altera/geshichte.htm)

allegorische Bibelauslegungen die nüchternen Aussagen der Heiligen Schrift. Einige traten mit Visionen und neuen Offenbarungen auf. Vielen Mystikern wurden Wunder und Kämpfe mit Finsternismächten nachgesagt. Hier und da trat eine starke Endzeiterwartung auf. Es kam zu ekstatischen Glaubensübungen oder auch zu den sogenannten Stigmata[15]. Persönlichkeiten dieser Prägung hatten oft großen Einfluss auf die Bevölkerung und die politische und kirchliche Führung.[16]

Da biblisch geprägte Kräfte wie die Waldenser, die Anhänger des Engländers John Wycliff oder des Böhmen Jan Hus von der auf weltliche Macht besessenen Kirche an den Rand gedrängt wurden, übernahmen im 15. und 16. Jahrhundert unbiblische, abergläubische oder auch rationalistische Einflüsse die geistige Führung in der Kirche.

Auch am Rande der wenigen biblisch geprägten Aufbrüche in der vorreformatorischen Zeit, drangen schwärmerische Ideen ein. So spaltete sich von der Beginen- und Lollardenbewegung[17] die Gruppe der „Brüder vom freien Geist" ab. Diese lehrten die Sündlosigkeit der Wiedergeborenen.[xix] Eine Irrlehre, die später in der deutschen Pfingstbewegung wieder aufkommen sollte.

Im 15. Jahrhundert wurde wegen der vielen Fehlentwicklungen in der Kirche der Ruf nach einer Kirchenreform laut.[xx]

Die Reformation, eine geistliche Erneuerung mit menschlichen Grenzen

Zu dieser Kirchenreform kam es dann mit der Bewegung um den Wittenberger Mönch und Theologieprofessor Martin Luther. Nach seiner persönlichen Bekehrung[18] von einem

---

[15] Die meist an Freitagen aufbrechenden Wundmale Jesu.

[16] z.B. Hildegard von Bingen, Johanna von Orleans.

[17] Bruder- und Schwesternschaften, die sich besonders der Armenpflege annahmen.

[18] Diese geschah 1513 über dem Studium des Römerbriefes (Röm 1,16.17).

katholisch fanatischen Menschen des Mittelalters zu einem glaubensfrohen Gotteskind wurde er zu dem Prediger und Lehrer des Glaubens, den Gott als Werkzeug gebrauchen konnte. Durch ihn wurde das Evangelium von der vergebenden Gnade Gottes wieder zum Zentrum der christlichen Verkündigung erhoben. Er machte die Christen im Einflussbereich der Reformation frei von der Vorherrschaft der Päpste und ihrer auf äußere Werke gegründeten Frömmigkeit. Durch seine Bibelübersetzung machte er die Heilige Schrift der Allgemeinheit, deren Glaube bis dahin nur durch die religiösen Anschauungen der katholischen Priesterschaft geprägt wurde, zugänglich. Durch seine Bibelübersetzung konnte jeder Gottes Wort selbst lesen, Gottes Willen erkennen und sein geistliches Leben daran orientieren.

Im gleichen Sinne entstanden weitere Reformbewegungen, die gemeinsam mit dem Luthertum den Beginn des heutigen Protestantismus bilden. Hier seien besonders die Reformierten um Zwingli und Calvin in der Schweiz sowie die vielgestaltige Täuferbewegung zu nennen. Bald schon drangen die Gedanken der Reformation ins nicht deutschsprachige Ausland, so dass in wenigen Jahrzehnten evangelische Bewegungen in ganz Europa entstanden.

Im katholischen Bereich kam es zu einer Rückbesinnung, die aber weniger in die Lehre der Bibel, als zu den schon im Mittelalter auftretenden Mystizismus führte, die sogenannte Gegenreformation.[xxi]

Die Reformation war sowohl die wichtigste geistige, wie auch geistliche Zäsur in Europa. Im geistigen Bereich öffnete sie die Tür zur Gewissensentscheidung des Einzelnen und schuf eine einheitliche deutsche Sprache[19].

Geistlich führte die Reformation die Christenheit weg vom Mystizismus und schuf eine solide Basis des Glaubens. Eines

---

[19] Durch die in allen deutschen Stämmen genutzte deutsche Bibelübersetzung entwickelte sich das Hochdeutsch.

der biblischen Kernworte während der Reformation war: „So halten wir dafür, dass der Mensch gerecht werde, ohne des Gesetzes Werke, allein durch den Glauben" (Röm 3,28).

Die vier Grundprinzipien der reformatorischen Theologie wurden:

„Christus allein; die Heilige Schrift allein; die Gnade allein; der Glaube allein."

Diese Grundlagen der Reformation machen deutlich, was das Evangelium will und wie man den „gnädigen Gott"[20] finden kann.[xxii] Sie verschlossen unbiblischen Nebenlehren die Tür.

Allerdings hatte die Reformation auch deutliche Schwächen[xxiii], was aber ihre Bedeutung nicht mindert. Sie sind zum einen in der menschlichen Begrenztheit der Reformatoren und der historischen Situation begründet.[21] Auch war die Reformation in ihrer Hauptsache keine Erweckung einzelner Menschen, sondern der Versuch einer Rückführung der Kirche auf ihre biblischen Grundlagen und Quellen.[22] Die Schwächen der Reformation führten zu einer Vielzahl von Spaltungen.[23] Da aber die vier Grundlagen der Reformation, „Allein Christus, die Schrift, die Gnade und der Glaube", feststanden, war ein wirklicher Neuanfang gemacht.

Während die Reformation zurück zur biblischen Lehre führte, traten in dieser Zeit aber auch verwirrende Kräfte und Geister auf. Sie versuchten, neben der Bibel erneut andere

---

[20] Die geistliche Fragestellung der aus der katholischen Kirche kommenden Reformatoren war: „Wie finde ich einen gnädigen Gott?"

[21] Eine schwere Fehlentwicklung war das Aufkommen des Staatskirchentums, in dem der Landesfürst an die Stelle des Papstes trat.

[22] Angestoßen und verantwortet durch Theologen und Regierungen.

[23] Neben den zwei Hauptrichtungen, den Reformierten und den Lutheranern, die zeitweise weiter voneinander entfernt waren als von der Katholischen Kirche, entwickelte sich besonders im dritten Flügel der Reformation, im Täufertum, eine Vielzahl von unterschiedlichen Erkenntnissen, die sehr oft Spaltungen nach sich zogen.

Offenbarungen einzuführen.[24] Teilweise fielen sie in die Gedanken der vorreformatorischen Mystik zurück, hatten eine überzogene Naherwartung der Wiederkunft Jesu oder versuchten die politischen Ziele ihrer Führer geistlich zu verbrämen[25]. Schwärmerische Gruppen, die der Überzeugung waren, dass Gott seinen Willen auch außerhalb der Bibel offenbart, schossen wie Pilze aus dem Boden. Sie gewannen in der Zeit um die Bauernkriege teilweise erheblichen Einfluss. Besonders schrecklich wirkten sie sich in der Stadt Münster in Westfalen aus, wo eine extrem täuferische Gruppe eine Diktatur errichtete.[xxiv] Falsche Propheten nannten diese Tyrannei, in der neben Zwangsgroßtaufen und Enteignungen auch die Vielweiberei eingeführt wurde, das neue Jerusalem.

In der entstehenden evangelischen Kirche reagierte man aus Furcht vor derartigen Schwärmereien mit dem Rückzug auf rein objektive Glaubenstatsachen. Es entstand die theologische Richtung der sogenannten lutherischen bzw. reformierten Orthodoxie[26]. Die Glaubensaussagen der in der Reformation entstandenen Konfessionen wurden in neuen Lehrschriften fixiert (Bekenntnisschriften). Diese Dogmen[27] wurden in theologischer Rechthaberei hochgehalten, immer wieder neu ausgelegt und als Waffe gegen Andersgläubige benutzt. Zwar waren die Bekenntnisschriften der Bibel formal nie gleichgesetzt[28], aber in der Praxis wurden sie so autoritär eingesetzt, als seien sie Gottes Wort. So führte die biblisch

---

[24] Die sogenannten Zwickauer Propheten oder auch der sozialrevolutionäre und schwärmerische Thomas Münzer seien hier zu nennen. Sie warfen Luther vor, die Bibel zu einem papiernen Papst zu machen.

[25] Z.B. Thomas Münzer, ein religiöser Führer der Bauernkriege.

[26] Orthodoxie heißt zu Deutsch Rechtgläubigkeit.

[27] Die Bekenntnisschriften waren an der Bibel orientierte Lehrschriften. Bei den Lutheranern ist es vor allem das Konkordienbuch, bei den Reformierten u.a. der Heidelberger Katechismus.

[28] Die katholische Kirche hat ihre Konzilsbeschlüsse und Dogmen (auch die Tradition) der Bibel gleichgestellt.

begründete Ablehnung der katholischen Werkgerechtigkeit in der Zeit der Orthodoxie dazu, dass das Evangelium teilweise zu einer verstandesmäßigen Lehre verkürzt wurde. Wer das reformatorische Dogma bejahte, galt als rechter Christ, seine innere Haltung wurde zweitrangig. Zum Christen wurde man durch die Taufe und blieb es, solange man in der rechten Lehre blieb. Es galt bald als Rückfall ins Katholische, wenn Christen neben dem rechten (Kopf-)Glauben auch ein entsprechendes Glaubensleben als notwendig ansahen. Dieser Buchstabenglaube ohne Auswirkung auf das persönliche Leben konnte geistlich suchende Menschen nicht befriedigen. Die konfessionelle Orthodoxie (lutherisch oder reformiert) ist das ungeistliche Gegenextrem zur Schwärmerei, die ihr Heil auf die eigenen Leistungen gründet und ihren Glauben von außerbiblischen Offenbarungen ableitet.

Als Ausweg schenkte Gott in der geistlich trockenen Zeit der konfessionellen Orthodoxie eine neue Reformbewegung: den Pietismus.

2. Das geistliche Leben Deutschlands in der Zeit des Pietismus bis zum Aufkommen der Pfingstbewegung

Der Pietismus – Glaube und Leben kommen zusammen

Die im 17. Jahrhundert aufkommende Bewegung des Pietismus war die geistliche Antwort der lebendigen Christen auf die Schwächen der allein an äußerer Rechtgläubigkeit ausgerichteten, nachreformatorischen Kirche.

Am Anfang des Pietismus stand ein geistlicher Aufbruch, der den Übergang von verstandesorientierter Rechtgläubigkeit (Orthodoxie), zu biblisch ausgerichteter Herzensfrömmigkeit (Pietismus) darstellte, die Reformorthodoxie.

Obwohl die Vertreter der Reformorthodoxie loyal zur kirchlichen Lehre standen, erkannten ihre Verfechter, dass lebendiger Glaube nicht nur eine biblisch-rechtgläubige Überzeugung sein darf, sondern auch von einem am Evangelium orientierten Lebensstil geprägt sein muss. Hatte die orthodoxe Lehre als Standbein allein die biblischen Heilstatsachen, so stand die Reformorthodoxie gleichsam auf zwei Beinen: Die klare biblische Lehre und ein aus dieser Lehre kommender lebendiger Glaube. Ihr wichtigster Vertreter war der Generalsuperintendent Johannes Arndt (1555-1621) aus Celle.[29]

Nach dem dreißigjährigen Krieg entwickelten vollmächtige Theologen und Laien aus der Reformorthodoxie und puritanischen Einflüssen die Bewegung des Pietismus[30]. Wobei sich

---

[29] Arndts Schriften, besonders „Sechs Bücher vom wahren Christentum", wirkten prägend auf die geistlich Suchenden seiner Zeit.

[30] Besondere Impulse bekamen sie durch den sogenannten „Vater des Pietismus", den Puritaner William Perkins.

ihre Anhänger den Namen „Pietisten" nicht selbst zulegten, sondern ihnen das Etikett „Pietist" von ihren theologischen Gegnern aufgedrückt wurde. Pietismus heißt so viel wie Frömmigkeit und wurde von den Gegnern im Sinne von Frömmlerei und Kopfhängerei gebraucht. Bald aber wurde dieses Schimpfwort zu einem Ehrentitel. Die älteste schriftliche Definition zum Pietismus stammt von 1689. Damals dichtete der Leipziger Professor Joachim Feller (1638-1691): „Was ist ein Pietist? Der Gottes Wort studiert und nach demselben auch ein heiliges Leben führt".[xxv] Da auch Pietisten weiter konfessionell dachten, unterschied man den reformierten, den lutherisch und den herrnhuterisch geprägten Pietismus[xxvi].

Der Pietismus beeinflusste über Jahrzehnte das theologische Denken und kirchliche Leben im deutschen Protestantismus des 17. Jahrhunderts und darüber hinaus.

Seine Schwerpunkte waren:

1. intensive Beschäftigung des Einzelnen mit der Bibel;
2. Betonung des allgemeinen Priestertums aller Wiedergeborenen bis in die Wortverkündigung;
3. lebendiger Glaube, der in der Tat sichtbar wird;
4. Vermeidung der damaligen in Orthodoxie üblicher harter konfessionellen Streitigkeiten;
5. Reform des damals verkopften Theologiestudiums;
6. erweckliche Predigt und Jugendarbeit.[xxvii]

Zu den Anliegen der Reformorthodoxie kamen im Pietismus weitere geistliche Impulse hinzu, die über die Niederlande[31] nach Deutschland drangen. Einer ihrer Vermittler war der Reformierte Jean de Labadie (1610-1674). Dieser beeinflusste

---

[31] Der Utrechter Domprediger Jodocus von Lobenstein (1620-1677) verbreitet die für den volkskirchlichen Pietismus in Deutschland wichtig werdende Lehre vom „Kirchlein in der Kirche", der Gruppe Bekehrter in einer Kirche von weitgehend Unbekehrten. Er übernahm sie wiederum von dem Puritaner Amesius.

den Lutheraner Philipp Jakob Spener (1635-1707)[32]. Speners aufrüttelnde Programmschrift „Pia desideria" gilt als Start der pietistischen Bewegung in Deutschland.[33] Sein geistlicher Nachfolger war der etwas radikalere Pfarrer August Hermann Franke (1663-1727).[34] Der Herrnhuter Nikolaus Graf von Zinzendorf (1700-1760)[35] brachte theologische Gedanken der alten Böhmischen Brüderbewegung ein und wurde über seine Brüdergemeine zum Bahnbrecher der evangelischen äußeren Mission.

Die Pietisten standen fest zur reformatorischen Lehre. Im Gegensatz zur Orthodoxie waren sie aber auch für geistliche Impulse aus anderen biblisch orientierten Gruppen und Bewegungen offen. Für sie stand fest, dass der rettende Glaube im persönlichen Leben erkennbar werden muss. Biblisch saubere geistliche Ansätze aus der Zeit vor der Reformation wurden wieder aufgegriffen. Es wurde am Bibeltext geforscht, wofür besonders der schwäbische Prälat Johann Bengel stand.[36] Holland[xxviii], die Schweiz, England und Schottland prägende geistliche Erfahrungen wurden übernommen, so zum Beispiel die Erbauungsstunde[xxix], in der auch Laien predigen durften. Das war in der damaligen Kirche

---

[32] Speners Schrift „Pia desideria" wurde zur Programmschrift der pietistischen Bewegung. Auf ihn gingen die ersten deutschen Konventikel (religiöse Privatversammlungen neben den regulären Gottesdiensten) zurück. Geistliche Impulse empfing er vom Vater der modernen Evangelisation, Jean de Labadie.

[33] Der Zusammenhang von Reformorthodoxie und Pietismus wird auch daran sichtbar, dass Speners Programmschrift „Pia desideria" ursprünglich das neue Vorwort zu Arnds „Sechs Bücher vom wahren Christentum" war.

[34] Durch Franckes tiefes Bekehrungserlebnis wurde die Bekehrungspredigt ein Schwerpunkt in der pietistischen Verkündigung. Er war prägend für die christliche Schule und die Diakonie.

[35] Durch Zinzendorf wurde der Missionsgedanke prägend für den Pietismus.

[36] Auf ihn geht der tiefgründige schwäbische Pietismus zurück. Er entwickelte für das griechische Neue Testament den sogenannten „Apparat", der alle wichtigen, auch eventuell abweichenden Textfunde für die Bibelstellen darstellt.

revolutionär. Bald kennzeichnete die Pietisten die Unterscheidung zwischen bekehrten und unbekehrten Menschen. Da die persönliche Bekehrung heilsnotwendig ist, wurde die Buß- und Bekehrungspredigt zum Kennzeichen der pietistischen Erweckungsbewegung. Neben dem erwähnten lutherisch geprägten Pietisten sei der Erweckungsprediger Theodor Untereyck (1635-1693) als reformierter Pietist genannt.[37] Prägend in der pietistischen Bewegung war auch der durch seine Frömmigkeit beeindruckende, reformierte Pietist Gerhard Tersteegen (1697-1763) in Mülheim.[38]

Durch das unter Staatsaufsicht stehende deutsche Landeskirchentum konnten sich bis ins 19. Jahrhundert Freikirchen[xxx] kaum entwickeln.[39] Einzig die Mennoniten führten ein oft von Verfolgung und aufgezwungener äußerer Isolation geprägtes Dasein. Der Druck durch Kirche und Obrigkeit trieb sie immer wieder zur Auswanderung. Aber über die pietistischen Konventikel (Bibelkreise), die meist innerkirchlich blieben, blieb auch eine christuszentrierte und erweckliche Verkündigung in Deutschland erhalten.

Allerdings verlor der Pietismus schon bald nach Speners und Franckes Tod seinen öffentlichen Einfluss. Selbst die von Francke mitgegründete Universität in Halle/Saale wurde vom Geist der Aufklärung erfasst.[xxxi] Mit Ausnahme von Württemberg, wo der Pietismus immer eine gewisse Bedeutung behielt, schrumpften die pietistischen Kreise während der zweiten Hälfte des 18. Jahrhundert zur kleinen Gruppen der „Stillen im Lande".[xxxii] Inhaltlicher Schwerpunkt der pietisti-

---

[37] Während seiner Zeit als Pfarrer in Mülheim führte er wie Spener Privaterbauungsstunden ein. Die durch ihn entstandene Erweckung breitete sich bis Wuppertal aus.

[38] Er war der Mystiker unter den Pietisten, der viel vorreformatorisches Gedankengut in den Pietismus einbrachte. Seine Lieder drückten tiefe Frömmigkeit aus.

[39] Noch 1830 wurde der Versuch, eine lutherische Freikirche in Preußen zu gründen, mit schärfsten Sanktionen bekämpft.

schen Verkündigung in diesen kleinen Gruppen blieb die reformatorische Rechtfertigungslehre, die im Glauben angenommen werden sollte.

Leider kamen am Rand des Pietismus, wie auch schon am Rand der mittelalterlichen Aufbruche und der Reformation, einige absonderliche und schwärmerische Seitenableger auf.[xxxiii] Wie bei den Schwärmern von Münster und später in der Pfingstbewegung traten Menschen mit dem Anspruch hervor, neue Propheten zu sein, und brachten manche Christen durcheinander.[40] Hierzu trug auch die Bewunderung mittelalterlicher Mystik, die z.B. durch Tersteegens Schriften populär wurde, bei.[xxxiv] Auch theosophische und okkulte Gedanken, die teilweise auf Persönlichkeiten wie Jakob Böhme (1577-1624)[41] zurückgingen, und andere Schwärmereien brachten Verwirrung mit sich.

Da sich der Pietismus aber weitgehend an ein wörtliches Verständnis der Bibel hielt und an gutem geistlichen Schrifttum orientierte, reinigte sich die Bewegung meist von selbst.

Die kirchliche Lage vor der Erweckungsbewegung – eine Zeit des geistlichen Niedergangs

Das Glaubensleben der evangelischen Christen wurde im ausgehenden 18. und im 19. Jahrhundert durch die aufgekommene liberale Theologie[42] in seiner Substanz geschwächt. War bis zur Aufklärung die Orthodoxie die vorherrschende

---

[40] Hier seien besonders die Inspirierten in der hessischen Wetterau genannt.

[41] Ein Schuster aus Görlitz. Er behauptete „sieben Tage vom göttlichen Licht umfangen gewesen und im Freudenreich" gewesen zu sein. 1600 wurde er nach eigener Aussage vom Geist ergriffen, „dass er allen Geschöpfen gleichsam ins Herz und die innere Natur sehen konnte". Er gilt als größter lutherischer Theosoph (philosophus teutonicus).

[42] Man bezeichnet die liberale Theologie auch als rationalistische Theologie. Sie ist aufs Engste mit der heute vorherrschenden sogenannten modernen Theologie verwandt.

theologische Richtung in den Landeskirchen, so setzte sich nach wenigen Jahrzehnten pietistischen Einflusses die von der Aufklärung geprägte liberale Theologie mehr und mehr durch.[xxxv] Diese Theologie bestritt die Authentizität der biblischen Aussagen, stellte die Bibel als Ganzes infrage und machte den menschlichen Verstand zum absoluten Maßstab, auch in allen geistlichen[43] und ethischen Fragen.[xxxvi] Die Mehrheit der damaligen Pfarrer stand der liberalen Theologie aufgeschlossen gegenüber. Sie hielten ihre Predigten im Sinne der Aufklärung[44], was zur Verkürzung und Entleerung der biblischen Botschaft führte.[45] Dadurch waren die Kirchen den missionarischen Herausforderungen, die die sozialen Umwälzungen des 19. Jahrhunderts mit sich brachten, nicht gewachsen.[xxxvii]

Hatten die evangelischen Pfarrer aufgrund ihres Amtsbonus in der Anfangszeit des kirchlichen Rationalismus bei der bis ins 19. Jahrhundert ländlich geprägten deutschen Bevölkerung noch eine gewisse Autorität, so verloren sie unter dem in den Städten aufkommenden Proletariat ihren Einfluss.[46] Die gebildete Schicht in den Städten neigte ohnehin der Aufklärung zu.[xxxviii] Die Frömmigkeit der sich noch mit der Kirche identifizierenden gebildeten Bevölkerung wurde als Kulturprotestantismus bezeichnet. Obwohl inhaltlich weitgehend leer, prägten noch bestimmte christlich initiierte Moralvorstel-

---

[43] Der schärfste Angriff auf die christliche Lehre waren die von Lessing 1774-78 herausgegebenen „Wolfenbüttler Fragmente" des Hamburger Hermann Samuel Reimarus (1694-1768).

[44] So beschloss die Synode der liberalen Protestantischen Landeskirche der Pfalz 1866 mit Zweidrittelmehrheit, dass die Dreieinigkeit keine kirchliche Lehre mehr sei.

[45] Bekannt sind Weihnachtspredigten, in deren Mittelpunkt die Stallfütterung des Viehs stand.

[46] Der Gründer der Berliner Stadtmission, Hofprediger Stöcker, sagte, dass es noch nie in der deutschen Geschichte eine so allgemeine „Entkirchlichung, Entchristlichung und Entsittlichung" gab.

lungen und kirchliche Traditionen und Rituale die Gesellschaft.

Auch vor der Zeit des Rationalismus stand die Mehrheit der Menschen nicht in einem lebendigen Glauben, aber die Inhalte der biblischen Botschaft wurden doch nicht offen infrage gestellt. Eine gewisse Gottesfurcht prägte das Denken der Menschen vor der Aufklärung, und die Richtigkeit der biblischen Ethik war moralischer Konsens in der Gesellschaft. Das war in der Zeit des Rationalismus vorbei.

Die Erweckungsbewegung – Glaubensleben in glaubensschwachen Zeiten

Während das protestantische Staatskirchentum mehrheitlich im Rationalismus erstarrte, erkannten die Pietisten die geistliche Herausforderung ihrer Zeit. Sie setzten ihre Kraft im volksmissionarischem Sinne ein und erlebten in vielen Teilen Deutschlands neue geistliche Aufbrüche. Die Erweckungsbewegung der ersten Hälfte des 19. Jahrhunderts stand im offenen Widerspruch zum vorherrschenden liberalen Kirchentum. Gab es vor Ort gläubige Pfarrer, so unterstützten die Pietisten diese und brachten sich oft als geistliche Träger in der kirchlichen Gemeindearbeit ein. Liberalen Theologen gegenüber hielt man jedoch Distanz.

Im Mittelpunkt der erwecklichen Verkündigung stand die Rechtfertigung des Sünders durch das Erlösungswerk Jesu am Kreuz und die Möglichkeit zur Gotteskindschaft durch die persönliche Annahme dieser Erlösungstat. Hier blieb man treu auf den Wegen des alten Pietismus.

Diese Botschaft erfasste im 19. Jahrhundert ganze Regionen, teilweise aber auch wichtige Einzelpersonen, die das Evangelium in ihrer Umgebung vollmächtig bezeugten.[xxxix] Unter den Trägern der Erweckungsbewegung gab es sowohl ernste, tiefgläubige Pfarrer wie auch vollmächtige Laien. Dabei nahm man immer wieder auch aufkommende Verdächtigungen und Verfolgungen in Kauf. Laienprediger konnten mit Strafen belegt werden, und pietistische Pfarrer wurden oft strafversetzt oder ihres Amtes enthoben.[47]

Das allmähliche Aufkommen der Freikirchen

Dass die Freikirchen, anders als im angelsächsischen Raum, bis zum Beginn des 20. Jahrhunderts in Deutschland nur eine geringe Rolle spielten, hing mit der intoleranten Haltung des Staates[xl] und der mit aller Macht durchgesetzten Vormachtstellung der Staatskirchen zusammen.[48] Dennoch konnten nach politischen Lockerungen im 19. Jahrhundert auch außerkirchliche geistliche Bewegungen nicht mehr dauerhaft aus Deutschland ausgegrenzt werden. Neben lutherischen Freikirchen, die sich als Reaktion auf staatliche Zwangsvereinigungen von Lutheranern und Reformierten[49] bildeten, begannen die aus dem angelsächsischen Raum kommenden Freikirchen ab der Mitte des 19. Jahrhunderts ihre teilweise sehr erfolgreiche Missionsarbeit.[xli] Bald entwickelten sich geistliche Verbindungen zwischen ihnen und den innerkirchlichen Pietisten.[50]

In und von Berlin aus arbeiteten u.a. die brüdergemeindlich orientieren Dr. Friedrich Baedeker (1823-1906)[xlii] und Toni von Blücher (1837-1906). Die mit der pietistischen Erweckung eng verbundene Toni von Blücher baute eine segensreiche Arbeit unter Frauen und jungen Mädchen auf.

---

[47] Selbst im Kernland des Pietismus, in Württemberg, war Pfarrer Blumhardt peinlichen Untersuchungen ausgesetzt.

[48] Seit dem Augsburger Religionsfrieden von 1555 musste die Bevölkerung eines Territoriums der jeweiligen Kirche des Landesherrn angehören. Wer aus Gewissensgründen den Glauben des Herrschers nicht teilen wollte, musste auswandern.

[49] Die sogenannte „Altpreußische Union".

[50] So hatten Luthers Schriften und die Herrnhuter Missionare Einfluss auf John Wesley. Im Gegenzug waren auch Schriften aus dem angelsächsisch-freikirchlichen Spektrum, z.B. von John Bunyan (Die Pilgerreise), in Deutschlands pietistischen Kreisen weit verbreitet.

Seit 1834 begann von Hamburg aus, durch Johann Gerhard Oncken (1800-1884), die baptistische Missionsarbeit.[xliii]

In einigen Teilen Deutschlands fanden so die Brüderbewegung, der Methodismus (seit 1830), die Freien Evangelischen Gemeinden (1854) und später die Heilsarmee guten Eingang.[xliv]

Meist erkannten Pietisten und Freikirchler ihre inneren Gemeinsamkeiten[51] und fanden in der aufkommenden Allianzbewegung, in welcher der konfessionelle Hintergrund kaum eine Rolle spielte, zu brüderlicher Gemeinschaft.[52] Bis vor wenigen Jahren noch wurde bei den Blankenburger Allianzkonferenzen nicht einmal erwähnt, aus welcher Kirche, Gemeinde oder Bewegung die jeweiligen Referenten kamen.[xlv]

Die Pietisten übernahmen in der zweiten Phase der Erweckungsbewegung viele Anregungen aus dem Methodismus.[xlvi] Dadurch entstand einerseits eine neue missionarische Dynamik, andererseits traten aber auch schon auf John Wesley (1703-1791) zurückgehende Probleme mit der Vollkommenheitslehre, die später im Streit um die Pfingstbewegung ihren Höhepunkt erreichen sollte, auf.

Das 19. Jahrhundert - Zeit vielfältiger geistlicher Frucht
Die Erweckung in Deutschland konnte sich besonders in den Regionen, die schon vom alten Pietismus geprägt waren, wie das Minden-Ravensberger Land, Württemberg[xlvii] und das Siegerland[xlviii], aber auch Hermannsburg in der Lüneburger Heide, Ostpreußen, Schleswig und Baden ausbreiten. In Regionen, in denen es zu keinen größeren Erweckungen kam, versuchten einzelne Persönlichkeiten, missionarisch zu

---

[51] Ein Beispiel ist die 1886 entstandene Blankenburger Allianzkonferenz, deren Motto „unum corpus sumus in Christo" war.

[52] Nach der Gründung der „Evangelischen Allianz" 1846 in London, fand schon 1857 in Berlin eine Generalversammlung auf deutschem Boden statt.

arbeiten. In mühevoller Kleinarbeit entstanden auch dort kleine Kreise von Bekehrten. Dieser Dienst war sicher mühseliger als in den Erweckungsgebieten, aber auch er brachte Frucht für die Ewigkeit. So kam es auch im geistlich weniger aufgeschlossenen Mecklenburg und Brandenburg zu einer äußerst wirksamen Erweckung im dort sehr einflussreichen Adel.[xlix] Einige dieser stark missionarisch wirkenden Menschen waren: Baron Ernst von Kottwitz (1757-1843) in Berlin, Adolf von Thadden (1796-1882) in Hinterpommern, Matthias Claudius (1740-1815) und Christoph Perthens (1772-1843) in Hamburg und der Kreis um den späteren katholischen Bischof Michael Sailer im Allgäu.[53]

Träger der Erweckung in Württemberg waren u.a. der Bauernprediger Michael Hahn (1758-1819), August Pregitzer (1751-1821) und Ludwig Hofacker (1797-1827). Meist entstanden örtliche Versammlungen, die mehr oder weniger eng mit den Pfarrern verbunden waren.

Bald suchten die Kreise der Erweckten Gemeinschaft untereinander, so dass größere Verbünde entstanden. In Württemberg schlossen sich die Erweckten erstmalig 1859 zu einem solchen Regionalverband zusammen.[54] 1847 gründete Pfarrer Feldner die „Evangelische Gesellschaft für Deutschland" in Elberfeld. Hier sammelten sich die Erweckten aus der Arbeit um den Arzt Samuel Collenbusch und Pfarrer Gottfried Daniel Krummacher. Im Siegerland wirkten Jung Stilling (1740-1817) und Tillmann Siebel (1798-1868). Ihre von der Kirche recht distanzierten Gruppen bildeten 1852 den „Verein für Reisepredigt". 1849 gründete sich aus der Arbeit von Pfarrer Henhöfer in Baden der „Verein für innere Mission Augsburger Bekenntnis". 1857 wurde der „Verein für innere

---

[53] Aus dieser katholischen Gruppe entstammen einige später zum evangelischen Glauben übergetretene Personen wie Johannes Gossner und der Vater der badischen Erweckung, Aloys Henhöfer.

[54] Dieser Verband trug den Namen „Die Konferenz".

Mission in Holstein", 1864 der „Verein für innere Mission in Ostpreußen" und 1870 der „Pfälzische evangelische Verein für innere Mission" in der Pfalz gegründet.[1]

Während die Großkirche teilweise geistlich verödete, blühte in vielen Teilen Deutschlands durch den erwachten Pietismus das geistliche Leben auf. Die Herrnhuter Reiseprediger, aber auch die in St. Chrischona bei Basel ausgebildeten Prediger förderten diese Entwicklung. Gab es gläubige Pastoren, so waren die Erweckten oft die Träger der kirchlichen Arbeit. Oft waren es aber auch die bekehrten Pfarrer, die als Hirten und Missionare das Werk voranbrachten.

Geistliche Impulse und Probleme durch die Oxforder Heiligungsbewegung

Eine weitere Belebung erfuhr die Erweckungsbewegung durch Impulse aus der amerikanischen Evangelisationsbewegung und der Oxfordbewegung von 1874/75. Durch die Evangelisationsbewegung wurden die Gruppen in Deutschland ermuntert, noch deutlicher und auf die unterschiedlichsten Weisen das Evangelium an die Menschen zu bringen.[55] Wie in den USA wurde man nun auch in Deutschland beim Finden neuer Evangelisationsmethoden ausgesprochen kreativ.

Allerdings drang mit der Oxforder Heiligungsbewegung auch eine Lehre ein, die indirekt zum Entstehen der späteren Krise um die Pfingstbewegung mit beitrug. Es war die Lehre von der Geistestaufe und einem geheiligten Leben, das perfektionistische Züge erreichen könne.

---

[55] Vielfältige Formen der Evangelisation entstanden auch in Deutschland. Ein Beispiel dafür war die Zeltmission. Elias Schrenk, der Bahnbrecher der deutschen Evangelisationsarbeit sagte: „Wenn die Menschen nicht mehr in die Kirche gehen, muss die Kirche zu den Menschen gehen."

Die Lehre von der Geistestaufe – eine Wurzel späterer Fehlentwicklungen

Mitte des 19. Jahrhunderts entstand in den USA eine machtvolle Glaubensbewegung. Hundertausende Menschen hörten das Evangelium in einfacher und verständlicher Form und nahmen Jesus als ihren persönlichen Herrn an.

Auslöser dieser Bewegung und ihr bedeutendster Evangelist war der ehemalige Rechtsanwalt Charles Grandison Finney (1792-1875). Finney erlebte 1821 seine Bekehrung und hatte einige Zeit später ein Erlebnis, dass ihn nach seinen eigenen Worten tiefer die „Lehre der Rechtfertigung" verstehen ließ, seine „Geistestaufe".[li] Finneys Evangelisationstheologie hatte zwei Schwerpunkte: Noch unbekehrte Menschen zu Jesus zu führen und Bekehrte im Glauben zu vertiefen. Später, als theologischer Lehrer, entwickelte Finney den Gedanken eines zweiten Segens (Geistestaufe) zu einer eigenen Lehre weiter, die seine Bewegung stark prägte.[56] Er nannte sie „das höhere Christliche Leben."[lii]

Finneys Nachfolger als geistlicher Leiter der Heiligungsbewegung wurde Dwight Lyman Moody (1837-1899).[57/liii] Gemeinsam mit dem Evangeliumssänger Ira D. Sankey (1840-1907) erreichte er in seinen Großevangelisationen Millionen von Menschen.[58] Das Wirken von Finney und Moody führte im ganzen angelsächsischen Raum nicht nur zu einer großen Missionsbewegung, sondern in eine denominationsübergreifende Heiligungsbewegung.[liv]

---

[56] Finney machte die Beobachtung, dass viele Gläubige nach ihrer Bekehrung wieder gleichgültig wurden. Die notwendige Heiligung würde durch eine Erfüllung mit dem Heiligen Geist möglich werden.

[57] „Im Jahr 1875 legte der greise Finney im Alter von 83 Jahren die Kelle nieder; im Oktober desselben Jahres begann der 38-jährige Moody den amerikanischen Evangelisationsfeldzug in Brooklyn", P. Scharpff, S. 193.

[58] 1889 gründete er eine überkonfessionelle Theologische Hochschule in Chicago.

Die Heiligungsbewegung erreicht Europa und Deutschland

Aus dieser Bewegung kam der Fabrikant Robert Pearsall Smith (1827-1898), der die Gedanken der amerikanischen Heiligungsbewegung nach Europa brachte.

Nach einem Reitunfall im Jahr 1861 litt Smith unter starken Nervenschmerzen und versuchte, diese 1874 in England zu kurieren. Hier ergab sich für ihn die Möglichkeit, in Oxford eine Glaubenskonferenz durchzuführen. Smith, seiner Frau Hanna und seinem amerikanischen Mitstreiter Boardman[59] lagen es am Herzen, auch in Europa ihre Erkenntnis von einem vertieften Heiligungsleben, das zum Sieg über die Sünde führt, weiterzugeben.[lv] Unter Sieg über die Sünde war nach ihrer Sicht ein Leben der völligen Hingabe an Jesus nötig.[60] Wer in diesem Stand ist, bekommt von Jesus die Kraft, die bewussten Sünden zu überwinden.[lvi]

In der deutschen Erweckungsbewegung gab es schon lange ein starkes Verlangen nach Vertiefung des persönlichen Glaubens. Schon den alten Pietismus bewegte und prägte die Frage nach der Heiligung des Einzelnen. Bei Zinzendorf führte dies, ebenso wie im anfänglichen Methodismus, zu einer dem religiösen Perfektionismus nahen Überzeugung.[61] Auch hatte besonders der Herrnhuter Pietismus eine innere

---

[59] William Boardman veröffentlichte 1858 sein berühmtes Buch „The Higher Christian Life", in dem er die Sündlosigkeitslehre darstellte. Er war in dieser Frage extremer als Smith.

[60] Diese Lehre Finneys geht auf John Wesley zurück. Er hatte 1765 ein Buch veröffentlicht, in dem er behauptete, dass der Christ zu einem Zustand der Sündlosigkeit kommen könnte. Diese höhere Stufe des Christseins, das Siegesleben in Christus, sei durch eine besondere Hingabe und durch ernste Nachfolge erreichbar. Auch Zinzendorf vertrat vergleichbare Ansichten.

[61] Zinzendorf schreibt: „Und würd ich durch des Herrn Verdienst auch noch so treu in seinem Dienst, gewönn den Sieg dem Bösen ab und sündigte nicht bis ans Grab … Wen nun kam eine böse Lust, so dankt ich Gott, dass ich nicht musst: Ich sprach zur Lust, zum Stolz, zum Geiz: Dafür hing unser Herr am Kreuz", Gemeinschaftsliederbuch, 2. Auflage, Giessen 1984.

Nähe zu mystischen Frömmigkeitsformen[62], die zeitweise in sinnliche Exzesse umzuschlagen drohten.[lvii] Mehrheitlich verstand man in Deutschland aber unter Heiligung ein Leben in den von Gottes Wort vorgegebenen biblischen Normen. Dieser Lebensstiel erstarrte aber oft in einer freudlosen und äußerlichen Gesetzlichkeit. Deshalb suchten viele nach einer Jesusnachfolge, ohne diesen gesetzlichen Krampf, aber auch ohne ein Leben, das die Sünde leicht nahm. Auf diese Problematik schien die angelsächsische Heiligungsbewegung eine Antwort zu bieten. Deshalb zogen die Berichte von den Heiligungsversammlungen in England Vertreter der deutschen Erweckungsbewegung an. Sie besuchten die Konferenzen in Oxford. Unter ihnen waren: Pastor Otto Stockmayer[63], Missionsinspektor Heinrich Rappard[64] und Pfarrer Theodor Jellinghaus[65]. Alle Drei erfuhren dort entscheidende geistliche Prägungen. Sie übernahmen die angelsächsischen Gedanken nicht buchstäblich, sondern verarbeiteten sie, je nach theologischer Sicht, und führten sie in die deutsche Erweckungsbewegung ein. Stockmayer und Rappard luden Smith zum Dienst nach Deutschland und in die Schweiz ein[66]. Auf großen Versammlungen in Basel[67], Berlin, Stuttgart, Barmen, Karls-

---

[62] Hier spielte Zinzendorfs Sohn Christian Renatus (1727-1752) in Herrenhag eine schlimme Rolle. Sein Vater musste den Schwärmereien mit seinem „Strafbrief" vom 11. Febr. 1749 ein Ende setzen.

[63] Bedeutender Evangelist und Seelsorger. Hausvater eines Seelsorgeheims in Hauptwil (Schweiz).

[64] Inspektor der Missionsschule St.Chrischona.

[65] Durch sein Buch „Das völlige gegenwärtige Heil in Christus" wurde die Heiligungslehre von Oxford in den Gemeinschaften stark verbreitet.

[66] In Deutschland begegnete er führenden Vertretern der Erweckungsbewegung wie Pastor Knak, Generalsuperintendent Büchsel, Hofprediger Stöcker in Berlin, Inspektor Josenhans in Basel.

[67] Im Münster zu Basel.

ruhe[68] und Frankfurt[69] gab Smith die amerikanische Heiligungslehre weiter.[lviii] Die nach Vertiefung ihres Glaubens suchenden deutschen Pietisten und Freikirchler nahmen die Lehre[70] zum größten Teil sehr dankbar auf.

Die Folge der starken Betonung der Geistestaufe von Finney war allerdings eine gewisse Verlagerung des Schwerpunktes in der pietistischen Verkündigung. Bis dahin war die Verkündigung hauptsächlich von der Rettung durch das Blut Christi, also der Rechtfertigungslehre, geprägt. Jetzt spielten die Gedanken des Sieges über die individuelle Sünde eine größere Rolle als zuvor. Diese Weichenstellung führte später Teile der Gemeinschaftsbewegung über die Lehre vom „reinen Herzen"[71] in eine gefährliche Irrlehre. Neben Otto Stockmayer wurde Pfarrer Jellinghaus der einflussreichste Vertreter der Heiligungslehre in Deutschland. Später widerrief Jellinghaus diese gerade durch ihn in ein gewisses Extrem getriebene Lehre.[lix]

Trotz der perfektionistischen Engführung kamen durch die Oxfordbewegung auch geistlich wichtige Einflüsse nach Deutschland. Sie wurden besonders in der sich gerade erst organisierenden deutschen Gemeinschaftsbewegung aufgegriffen. Der prägendste Impuls war die neu ins Bewusstsein gekommene Erkenntnis, dass zur Rechtfertigung des Sünders aus Gnade auch die Heiligung des Gotteskindes gehören muss.[lx]

1875 gründete man im englischen Keswick eine Vereinigung, um die Heiligungslehre von Oxford wach zu halten. Deshalb wird die Heiligungsbewegung oft auch „Keswick-

---

[68] Großherzogin Luise von Baden vermittelte die Stadtkirche.

[69] Der bekannte Liederdichter und methodistische Superintendent Ernst Gebhard begleitete ihn auf seinem Weg durch Deutschland als Evangeliumssänger.

[70] In Europa nach Smiths Mitarbeiter „Boardman'sche Lehre" genannt.

[71] Perfektionismus

Bewegung" genannt. Wenn der Zustrom zu den Konferenzen auch im Laufe der Zeit nachließ, so blieben sie doch ein Ort, der auch weiterhin Impulse aus der Heiligungsbewegung nach Deutschland brachte.[lxi]

Die Evangelisation wird durch vollmächtige Persönlichkeiten vorangebracht

Neben problematischen Entwicklungen, die durch die Heiligungsbewegung von Oxford nach Deutschland einströmten, brachte diese Bewegung aber auch neue evangelistische Dynamik nach Deutschland. Die evangelistische Motivation von Finney, Moody und Smith wirkte ansteckend. Der brennende Wunsch, verlorene Menschen zu retten, der hinter der angelsächsischen Evangelisation stand, beeindruckte die geistlichen Leiter in Deutschland und motivierte sie zu neuen missionarischen Anstrengungen. So erlebte Deutschland am Ausgang des 19. und zu Beginn des 20. Jahrhunderts eine Evangelisationsbewegung, wie es sie bis dahin noch nie gegeben hatte. Sehr viele der heutigen Gemeinden, Gemeinschaften und missionarischen Werke haben ihre Wurzeln in der Evangelisationsbewegung jener Zeit.

Neben einer heute nicht mehr überschaubaren Zahl pietistischer und freikirchlicher Evangelisten wurden drei Personen für die Evangelisation in Deutschland besonders prägend:

Elias Schenk (1831-1913)[72], der Vater der Deutschen Evangelisation, Professor Theodor Christlieb (1933-1889)[73], der Organisator der Evangelisationsbewegung, und Friedrich

---

[72] Ursprünglich Missionar der Basler Mission, beindruckte ihn der Dienst Moodys so sehr, dass er ihn auf Deutschland übertragen wollte.

[73] Professor für Theologie in Bonn. Er wurde der Motor der Evangelisationsbewegung in Deutschland. Mit dem Johanneum in Wuppertal gründete die erste Evangelistenschule in Deutschland.

von Schlümbach (1842-1901)[74], der Mann, der beispielhaft zeigte, dass Moodys Art der Evangelisation auch in Deutschland die Herzen der Menschen erreichen konnte.

In Basel evangelisierte Elias Schrenk, unterstützt von Otto Stockmayer, Dr. Friedrich Baedeker und Heinrich Rappard, 1882 zum ersten Mal im Stil der amerikanischen Großevangelisationen. Ab 1884 führte er in Frankfurt und Bremen weitere größere Evangelisationen nach dem Stil von Moody durch. Angeregt von der Frucht dieser Veranstaltungen entschied er sich 1886, seine sichere Anstellung bei der Basler Mission aufzugeben, um ganz frei für den Evangelisationsdienst zu sein. Schrenk erreichte mit seiner zentralen Evangeliumsbotschaft Zehntausende. Durch seinen Dienst entstanden in ganz Deutschland neue Gemeinden, und alte wurden neu belebt. Wenn er auch Gemeinschaftsmann war, so blieb er doch als freier Evangelist ein Mann, der überkonfessionell dachte. Schrenk fasste seine Erkenntnis in einen Brief an den damaligen Inspektor der Basler Mission so zusammen: „Mich hat es seit Monaten stark nach Evangelisationsarbeit in der Schweiz und Deutschland gezogen. Die Staatskirche geht zugrunde, und es fehlt an Leben zur Geburt eines neuen Kindes; da hab ich mir gedacht, wenn ich in allen größeren Orten je mehrere Wochen lang arbeite, systematisch, nicht wie Hebich, sondern wie Moody, der nur Evangelium predigt und keine Sonderlehre hat, so wäre es zeitgemäß und wäre Reichsarbeit und Missionsarbeit."[lxii]

Theodor Christlieb, der 1858 als Pfarrer der Deutschen Gemeinde nach Islington in England berufen wurde, lernte dort erweckliche Arbeit nach dem angelsächsischen Typus kennen. Ihn beeindruckte zutiefst, wie in England zwischen

---

[74] Nach einem leichtfertigen Leben als Fähnrich in Württemberg wanderte er in die USA aus und kämpfte dort als Offizier im Bürgerkrieg mit. Er erlebte eine klare Bekehrung und wurde Sekretär des Nationalkomitees des CVJM (USA).

„Bekehrten und Unbekehrten und Halbbekehrten" unterschieden wurde. Der Laiendienst in England, der den deutschen Kirchen suspekt war, und der klare Ruf zur Bekehrung, den er in der angelsächsischen Verkündigung erlebte, prägten sein späteres theologisches Denken und geistliches Handeln. Er dachte über seinen geistlichen Horizont als Pfarrer der Staatskirche hinaus. 1880 gründete er den „westdeutschen Zweig der Evangelischen Allianz". Das Thema seines Vortrags auf der Weltkonferenz der Evangelischen Allianz in Kopenhagen 1884 machte das Anliegen seines Dienstes deutlich: „Über die religiöse Gleichgültigkeit und die besten Methoden sie zu bekämpfen". Zu diesen besten Methoden zählte er die Evangelisation im Stil Moodys. Um dieses Anliegen voranzubringen, sammelte er Gleichgesinnte um sich. 1884 lud er zu einer ersten Tagung nach Bonn ein, wo praktische Fragen der Evangelisation in Deutschland beraten wurden. Bei dieser Tagung gab Schrenk seine praktischen Erfahrungen weiter. Unter den Teilnehmern waren Graf Pückler, Stockmayer, Bernstorff, Örtzen, Dr. Ziemann und andere, alles spätere Pioniere der evangelistischen Arbeit in Deutschland.[lxiii]

Eine besonderes Aufsehen erregende Evangelisation, die zur weiteren Evangelisierung Deutschlands motivierte, führte der Deutsch-Amerikaner Friedrich von Schlümbach in Berlin durch.

1881 wurde von Schlümbach als Festprediger zum CVJM nach Elberfeld eingeladen. Hier lernten ihn Prof. Christlieb und der Gründer der Berliner Stadtmission, Hofprediger Adolf Stöcker (1835-1909), kennen, die ihn zu einer Evangelisation nach Berlin einluden. Man ging, wie es Moody in Amerika auch getan hat, in einen der armen Stadtteile von Berlin, um die soziale Unterschicht mit dem Evangelium zu erreichen. Die Evangelisation dauerte fünf Monate. Als Frucht dieses missionarischen Einsatzes kamen viele Menschen zum heilsgewissen Glauben. Es entstanden die St.-Michaels-

Gemeinschaft und der Berliner CVJM. Schlümbach berief den noch jungen Forstmeister Eberhard von Rothkirch (1852-1911) zum CVJM Leiter.[lxiv] Dieser wurde ein brennender Zeuge Jesu unter der Jugend.

Wichtige Pioniere der Evangelisationsbewegung in Deutschland waren, neben Elias Schrenk, Oberstleutnant Kurt von Knobelsdorff[75], Rektor Dietrich[76], General von Viebahn[77], Johannes Seitz[78], Jasper von Örtzen[79], Jakob Siebel[80]. Auch Frauen wie Anna von Weling (1837-1900)[81], Toni von Blücher[82] und Eva v. Tiele-Winckler[83] unterstützten durch ihren Einsatz den Evangelisationsdienst. Überall in Deutschland wurde in dieser Zeit Gottes Wort evangelistisch weitergegeben. Es entstanden Gemeinden und Gemeinschaften, Bibelschulen und Missionswerke wie in keiner Zeit zuvor.[lxv] Viele der heute noch bestehenden älteren Gemeinschaften sind damals als Frucht evangelistischer Einsätze entstanden.

---

[75] Er, der selbst einst Trinker war, wurde der Gründer des Blauen Kreuzes in Deutschland.

[76] Er wurde durch seine Schriften prägend für die Erweckungsbewegung.

[77] Er, aus der Brüderbewegung kommend, war einer der vollmächtigsten Evangelisten. Der mutige Soldat kämpfte wie nur wenige für die Autorität des Wortes Gottes.

[78] In seinem seelsorgerlichen Dienst wurden immer wieder auch körperlich und seelisch Kranke geheilt.

[79] Er wirke besonders in Niedersachsen und Schleswig Holstein.

[80] Einer der wichtigen Träger der Erweckung im Siegerland

[81] Sie initiierte die Blankenburger Allianzkonferenzen.

[82] Eine Mutter der Missionsarbeit unter jungen Mädchen.

[83] Aus den Mitteln ihres gesamten Erbes als Tochter eines Großindustriellen gründete sie Friedenshort in Miechowitz (Schlesien), ein Diakonissenhaus, in dem man versuchte, Waisenkinder nicht nur materiell zu versorgen, sondern sie zu Jesus zu führen und ihnen eine Familie zu geben. Jede Diakonisse wurde die Mutter für sechs Waisen. Sie selbst erhielt den Beinamen „Mutter Eva".

Viele missionarische und missionarisch-diakonische Einrichtungen entstehen

Die Erweckungsbewegung sah sich auch in sozialer Verantwortung.

In vielen Städten und Dörfern Süddeutschlands entstanden Kindergärten (in Süddeutschland Kinderschulen genannt), in denen die Kleinen neben äußerer Fürsorge auch das Evangelium erfuhren.

Es entstanden Einrichtungen für alle möglichen Gefährdetengruppen. Spezielle Berufsgruppenmissionen[84] entstanden. Man arbeitete missionarisch unter Alkoholkranken[85], sittlich Gefährdeten[86], Studenten[87] und Jugendlichen[88].

Jakob Vetter (1872-1918)[89] initiierte die Deutsche Zeltmission, die Vorbild für vergleichbare missionarische Arbeiten vieler anderer Missionswerke wurde.

Auch die Unterstützung der Äußeren Mission rückte mehr ins Blickfeld. Auf Anregung von Pastor Ernst Lohmann, entstand der Deutsche-Frauen-Missions-Gebetsbund (DFMGB). Er bildete Missionarinnen in der Frauen-Bibelschule Malche für den Dienst der Inneren und Äußeren Mission aus. Der DFMGB arbeitete aufs Engste mit der China-Inland-Mission von Hudson Taylor zusammen.

Die heutige Bibelschule Wiedenest hat ihre Wurzeln in der

---

[84] 1893 entstand der Verband christlicher Postbeamter, 1898 der Verband gläubiger Lehrer, 1900 der Verband Christlicher Eisenbahner, 1902 der Verband christlicher Kaufleute, 1904 der Deutsche Christliche Technikerbund, usw.

[85] 1888 Gründung des Blauen Kreuz in Wuppertal.

[86] 1890 Gründung des Weißen Kreuzes durch den Landeskulturtechniker Richard Töllner in Berlin.

[87] 1890 Gründung der Deutschen Christlichen Studenten Vereinigung durch Graf Pückler und Forstmeister v. Rothkirch.

[88] 1895 Gründung des Deutschen EC.

[89] Pastor Stockmayer und Jakob Vetter entwarfen die Grundlage dieser damals neuartigen Missionsarbeit.

von Dr. Baedeker gegründeten Allianzgemeinde in Berlin-Hohenstaufenstraße. Hier wirken u.a. zeitweise Stockmayer, Baedecker, Blaich, Bernstorff, Georg Müller, Knobelsdorff u.v.a.[lxvi]

Das ausgehende 19. und beginnende 20. Jahrhundert erscheint rückblickend als eine Zeit evangelistischer Aufbrüche, wie sie Deutschland vorher und nachher nicht mehr erlebt hat. Es war Erweckungszeit! Nicht durch eine einzelne Explosion, sondern durch viele kleine Feuer breitete sich die Erweckung über weite Teile Deutschlands aus.

Die Erweckung hätte, menschlich gesehen, gut und gesund weiter wachsen können. Ansätze dafür waren da. Allerdings ging in den späteren Auseinandersetzungen um die Pfingstbewegung manches zu Ende, was noch große Aussichten auf weiteren Segen in sich trug.

Gnadau: Sammelbecken der innerkirchlich-pietistischen Erweckungsbewegung

Vertreter der bis dahin nur lose verbundenen innerkirchlich-pietistischen Gemeinschaften und Regionalverbände kamen 1888 auf Anregung von Prof. Christlieb, zur ersten deutschlandweiten Pfingstkonferenz[90] in der Herrnhuter Kapelle des kleinen Örtchens Gnadau bei Magdeburg zusammen.[lxvii] Die Gemeinschaftsbewegung und ihr Dachverband hat von diesem ersten Konferenzort her seinen Namen: Gnadauer Verband. Vorsitzender der Konferenz wurde Jaspar von Oertzen (1833-1893).[lxviii] 1897 wurde der „Deutsche Verband für evangelische Gemeinschaftspflege und Evangelisation", der heutige „Evangelische Gnadauer Gemeinschaftsverband" gegründet.[lxix] Es traten ihm sofort 39 Provinzialverbände[lxx] bei. Nach und nach traten ihm fast alle regionalen und über-

---

[90] Die erste Gnadauer Konferenz beschäftigte sich mit den Fragen der Evangelisation und des Dienstes von Laien. Es waren 68 Theologen und 74 Laien zusammengekommen.

regionalen Gemeinschaftsverbände Deutschlands, Österreichs, der Schweiz und der Niederlande, sowie viele innerkirchlich arbeitende freie pietistische Werke bei. Erster Vorsitzender des Verbandes wurde Graf Eduard von Pückler.[lxxi]

Paulus Scharpff schreibt in seiner Geschichte der Evangelisation: „Nicht nur der 1. Vorsitzende Jaspar von Örtzen, sondern besonders sein Nachfolger Graf Pückler erstrebte mit heiligem Optimismus siegesbewusst die Evangelisierung Deutschlands und riss viele zu aggressiver Evangelisation mit: ‚Jetzt ist eine gute Zeit. Die Türen stehen offen. Ich glaube bestimmt, dass wir vor einem wichtigen Moment stehen - Ich wünschte, es käme etwas in uns von Cromwells Eisenseiten[91]. Ich wünschte wir würden Löwen'."[lxxii]

---

[91] Eine Anspielung auf leichte Kavallerietruppen, die während des Englischen Bürgerkriegs von Oliver Cromwell aufgestellt wurden und auf der Seite des Parlaments gegen die Royalisten kämpften. Die Bezeichnung „Eisenseiten" (engl. *ironsides*) für diese Arkebusierreiter geht auf einen Spitznamen Cromwells zurück („Old Ironsides"). Vom englischen Unterhaus forderte er: „Ihr müsst Leute von feurigem Eifer zusammenbringen, von einem Eifer, der bis zum letzten geht, oder ihr werdet immer wieder geschlagen werden – dessen bin ich gewiss." (Quelle: wikipedia)

3. Die Ursachen der großen Krise der Erweckungsbewegung

Auf dem Höhepunkt der evangelistischen Arbeit erschütterte die große schwarmgeistige Krise von 1907-09 die damalige evangelikale[92] Bewegung in Deutschland. Diese Krise legte sich wie Mehltau über die blühende Erweckungslandschaft. Sie verwirrte, spaltete und verführte viele engagierte Christen.

Der unmittelbare Auslöser der Krise war das Eindringen der amerikanischen Pfingstbewegung in die deutsche Erweckungsbewegung. Die Ursachen aber waren vielschichtiger. Einige entstanden aus den Fehlentwicklungen, die sich seit dem 19. Jahrhundert in den Neupietismus eingeschlichen hatten. Während diese Krise die neu entstandenen Freikirchen nur schwach streifte, traf sie aber die stärkste evangelikale Gruppierung der damaligen Zeit, die deutsche Gemeinschaftsbewegung, mit voller Wucht.

Wie jede Krise auch Chancen zur Gesundung und Reinigung in sich trägt, zogen die Spannungen, die mit dem Einbruch der Pfingstbewegung aufbrachen, auch eine Klärung im pietistischen Raum nach sich:

- Sie führte einzelne Träger der Erweckung in persönlichen Zerbruch und tiefe Buße.[93] Die Zeugnisse der Betroffenen über ihre damaligen Erfahrungen sind auch heute noch hilfreich.
- Sie half dadurch zu einer gesunden Nüchternheit, die dazu

---

[92] Die Bezeichnung „evangelikal" war damals nicht gebräuchlich, hilft uns aber heute zum besseren Verständnis, um welche geistliche Richtung es sich handelte.

[93] So ist zu bemerken, dass führende Personen der Erweckung, die in missionarischem Eifer hin und wieder etwas leichtfertig mit der Botschaft umgingen, ehemalige Erkenntnisse zurücknahmen (Dallmeyer, Seitz, Jellinghaus, Regehly u.a.).

führte, dass man nicht mehr seelische Gefühlsaufwallungen mit dem Wirken des Heiligen Geistes verwechselte.

• Sie führte – besonders in der Gemeinschaftsbewegung – zu neuer Rückbesinnung auf die zentrale Erkenntnis der Reformation, der Rechtfertigung des Sünders allein aus Gnade.

• Übersteigerte Positionen von höheren Sphären geistlichen Lebens wurden überwunden.

• Auch wurde den Trägern der Evangelisationsbewegung deutlich, dass nicht alles geistlich scheinbar Wünschenswerte von Gott erzwungen werden kann.

Das Vorfeld: Die Krise lag in der Luft

Dass auch gesegnete Verkündiger irrtumsfähige Menschen bleiben, zeigte sich besonders in den Jahren vor und während der Krise von 1907-09.

Rückblickend kann man vier Entwicklungen und Einflüsse erkennen, die zur Krise führten:

1. Einflüsse aus der angelsächsischen Heilungsbewegung des 19. Jahrhunderts;
2. die Lehre vom „reinen Herzen" in Deutschland;
3. Einflüsse aus der teilweise unnüchternen Erweckung von Wales;
4. die aus den USA über Norwegen kommende Pfingstbewegung.

Jede dieser Erscheinungen hatte auch geistliche Hintergründe und hätte für sich genommen durchaus Segen bewirken können. In jeder dieser Bewegungen wirkten tiefgläubige Persönlichkeiten mit. Aber in all diesen Entwicklungen waren auch menschliche, schwärmerische und manchmal sogar okkulte Kräfte wirksam.

In Deutschland hofften die Gläubigen zu jener Zeit auf weitere große Segnungen. Von der Heiligungsbewegung inspiriert, betete man oft: „Herr schenke Erweckung und fange bei uns an." Graf Pückler wünschte eine Missionskraft wie die der „Löwen". Die erweckten Christen wollten den Himmel förmlich zwingen, noch größere und noch mehr Segnungen zu schenken, als er es schon getan hatte. Es fanden Bußkonferenzen und große Gebetsversammlungen[94] statt, in denen die Sehnsucht nach noch mehr geistlichem Segen immer wieder laut wurde.[lxxiii] Der Präses[95] des Gnadauer Verbandes Walter Michaelis (1866-1953) beschreibt die Stimmung jener Jahre: „Innerhalb der Gemeinschaftsbewegung war zu jener Zeit in vielen Kreisen ein starkes Sehnen nach großen Erweckungen, nach vertieftem Heiligungsleben, nach Geistestaufe und ebenso eine gespannte Erwartung auf die baldige Wiederkunft des Herrn, wozu die Verkündigung Stockmayers und Ströters sehr viel beitrug."[lxxiv]

Begünstigt wurde die Krise durch die Lehren von der Geistestaufe und vom „reinen Herzen"

Unter den bereits erwähnten Einflüssen aus Oxford und später aus Keswick hatte vor allem die Lehre Finneys von der Geistestaufe zu einer Offenheit gegenüber den neuen Schwärmereien und Irrtümern geführt. Die dahinter stehende Überzeugung, dass es bekehrte Christen gibt, denen die Geistestaufe oder gar die Wiedergeburt fehlt, war die Ursache für die überzogenen Lehren von christlicher Vollkommenheit oder von der Hoffnung auf ein neues Pfingsten.

---

[94] Ein Beispiel dafür war die Europäische Konferenz der Jugendbünde für Entschiedenes Christentum vom 9.-12. Juli 1905 in Berlin. Man erwartete dort die große Erweckung. Torrey hielt das Hauptreferat, aber die erwarteten Kennzeichen der Erweckung blieben weitgehend aus. Daraufhin heizte Pastor Paul die Gebetsgemeinschaft so auf, dass man nur noch mit Mühe Ruhe und Ordnung wiederherstellen konnte.

[95] Der Präses des Gnadauer Verbandes ist der Sprecher und Koordinator der in verschiedenen selbstständigen regionalen Verbänden und Werken organisierten Gnadauer Gemeinschaftsbewegung. Dr. Walter Michaelis war Präses von 1906-1910 und von 1919-1953.

Die Oxforder Heiligungsbewegung hatte in Otto Stockmayer, Theodor Jellinghaus und vor allem in Pastor Jonathan Paul ihre stärksten Verfechter in der Gemeinschaftsbewegung gefunden.

Pfarrer Theodor Jellinghaus (1841-1913) war 1874 selbst auf der Konferenz in Oxford dabei gewesen. Seitdem betonte er immer mehr in seiner Verkündigung, dass es nicht nur auf die rechte Lehre ankomme, sondern auf das rechte Leben. Dieses rechte Leben sei ein Leben in völliger Hingabe an den lebendigen gegenwärtigen Christus und ein Leben im täglichen „dafürhalten, dass ich der Sünde gestorben bin und lebe in Christus unseren Herrn".[lxxv] Zwar lehrte Jellinghaus nicht ausdrücklich die Sündlosigkeit des einzelnen Christen, ging aber doch soweit zu sagen, dass es durch den Glauben einen Heiligungszustand gäbe, in dem das Fleisch nicht mehr anfällig für die Sünde sei.

Durch seine vielen Reisedienste und die von ihm verfasste Glaubenslehre „Das völlige, gegenwärtige Heil durch Christum"[lxxvi], die aufgrund seiner Verbreitung unter den Pietisten als Dogmatik der Gemeinschaftsbewegung bezeichnet wurde[lxxvii], sorgte er in besonderer Weise für die Verbreitung der Oxforder Heiligungslehre. Auch prägte er durch die 1885 von ihm gegründete erste deutsche „Stundenhalterschule"[96] viele Laienprediger.[lxxviii]

Die Verkündigung von Pfarrer Jellinghaus enthielt viel Richtiges, ihre Irrtümer aber bereiteten den Boden für die spätere perfektionistische Irrlehre Jonathan Pauls.

Pastor Jonathan Paul (1853-1931), der spätere Führer der Deutschen Pfingstbewegung, wird in der „Berliner Erklärung" ausdrücklich mit Namen genannt.

Obwohl sich Pastor Paul immer wieder auf Finney, Moody,

---

[96] Diese Schule war die erste Bibelschule im heutigen Sinn. Sie brachte den Dienst der Laienprediger, der kirchenrechtlich nicht erlaubt war, in manchen Gebieten sehr voran. Die Schule befand sich in Gütergötz bei Potsdam.

Jellinghaus und Stockmayer berief, ging er in seiner Heiligungslehre weit über sie hinaus.

Er lehrte, dass der geistgetaufte[97] Christ Jesus im Herzen hat und deshalb von jeder Neigung zur Sünde befreit leben könne.[98] 1904 formulierte er in der von ihm herausgegebenen Zeitschrift „Heiligung", dass Jesus als neuer Adam sein persönliches Wesen total ausfülle und er deshalb nicht mehr sündige. Paul schrieb: „Die Erlösung muss so völlig sein, dass man vor Gott wieder steht wie der erste Adam vor dem Fall."[lxxix] In seinem Blatt „Heiligung" schrieb er auch: „… zugleich mit diesem Glauben an meinen neuen Adam sah und fühlte ich mich von jedem Hang zur Sünde erlöst. Tag und Nacht vergingen, Tage und Nächte gingen hin; und es war und blieb in mir neu. Wohl traten allerlei Probleme an mich heran, aber ich lebte in der seligen Neuheit des Lebens. Es war mir so, als gingen alle diese Dinge mich gar nichts an. Was immer an mich heran trat, ich lebte von den zwei Worten und der darin beschlossen Wahrheit: Jesus wird."[lxxx]

Auf der 9. Gnadauer Pfingstkonferenz 1904 in Schönebeck, hielt Pastor Paul ein Referat unter dem Thema: „Unsere Aufgabe im Reiche Christi ist Glauben."[lxxxi] Dort sagte er: „Lest eure Bibel einfältig und nehmt sie so, wie sie ist. Ich habe in meiner Bibel gelesen, der alte Mensch wird mitgekreuzigt … Danach aber machte ich die Erfahrung: Er regt sich wieder. Dann kam der Augenblick, wo der Geist Gottes

---

[97] Das „Drei-Stufen-System" für vollmächtiges Glaubensleben wurde von Paul besonders betont. Nach der Bekehrung, die meist als menschlicher Willensakt gesehen wurde, kommt die Wiedergeburt, ein Akt Gottes. Diesem schließt sich die Geistestaufe an, in welcher der Christ mit besonderer Vollmacht und Gnadengaben ausgerüstet wird.

[98] 1899 schrieb Paul in „Heiligung" einen Aufsatz mit dem Titel „Die Heiligung, eine vollendete Tatsache". In diesem Aufsatz misst er der Heiligung gegenüber der Rechtfertigung eine höhere Bedeutung zu. Paul sagte, dass Heiligung Befreiung von der Macht der Sünde sei. (Zitiert nach August Jung, Vom Kampf der Väter: Schwärmerische Bewegungen im ausgehenden 19. Jahrhundert, Witten: Bundes-Verlag, 1995, S. 178).

mir zeigte: Ich soll, indem ich Jesus anschaue, ihm das Vertrauen schenken, dass er so mein zweiter Adam sein werde, dass ich den Alten nicht wieder zu sehen bekäme. Ich tat dies im Glauben und das Ergebnis war: Ich habe ihn seither nicht wieder gesehen."[lxxxii/99]

Da Pastor Paul um die Jahrhundertwende einer der bekanntesten Prediger der deutschen Gemeinschaftsbewegung war, hatten seine Worte starkes Gewicht. Über seine 1898 gegründete Zeitschrift „Heiligung" erreichte er Christen in ganz Deutschland.[lxxxiii] Er gehörte zum Vorstand der Deutschen Zeltmission und war neben Jakob Vetter lange Zeit ihr wichtigster Evangelist. Pastor Paul war Begründer verschiedener Missionswerke wie der „Konferenz christlicher Eisenbahner" und des „Verband(s) gläubiger Kaufleute und Fabrikanten". Mehrere Jahre war er Vorsitzender des Deutschen EC-Verbandes und gehörte zum Gnadauer Vorstand.[lxxxiv] Gemeinsam mit Pastor Ernst Modersohn (1870-1948) war er in der Erweckung in Mülheim tätig.[lxxxv]

Bei aller nötigen Kritik am Perfektionismus dürfen wir aber die Sehnsucht nach Heiligung nicht einfach als Irrweg, der ins Verhängnis führen muss, verwerfen. Ein gesundes Glaubensleben wird immer danach trachten, Jesus ähnlicher werden zu wollen. Dazu gehört auch der Wunsch nach Sieg über unsere sündige Natur. Wenn auch die Heiligungslehre, wie sie Jellinghaus und Paul vertraten, über das nüchterne Maß der Bibel hinausging, so ist Heiligung doch ein Auftrag, dem wir Christen uns stellen müssen. Es bleibt wahr, dass wir uns nicht auf unserer einmaligen Bekehrung ausruhen dürfen. Gesunder

---

[99] Nach den Ausführungen Pauls in Schönebeck gab es eine kontroverse Aussprache der Anwesenden. Man einigte sich schließlich auf eine Kompromisserklärung: „Einig war man sich darin, dass das ununterbrochene Bleiben in Jesus das für ein Christenleben zu erstrebende Ziel sei. Dagegen wurde die Behauptung des Herrn Pastor Paul von der Hinwegnahme der Sündennatur von der Mehrheit der Redner ausdrücklich abgelehnt" (Verhandlungen der Gnadauer Pfingstkonferenzen, 1904, S. 64).

Glaube zieht auch ein gesundes, geheiligtes Leben nach sich. Dies ist allerdings ein wachstümlicher Prozess, mit dem wir in diesem Leben nicht zu Ende kommen werden. Paulus erklärt: *„Nicht, dass ich's schon ergriffen habe oder schon vollkommen sei; ich jage ihm aber nach, ob ich's auch ergreifen möchte, nachdem ich von Christo Jesu ergriffen bin"* (Phil 3,12).

Begünstigt wurde die Krise durch teilweise unnüchterne Aspekte der Erweckung von Wales

Wir sahen schon, dass es seit dem 19. Jahrhundert in Deutschland eine permanente Erweckung gab. Lehrmäßig war ihre Verkündigung jesuszentriert. Die Lehre von der Rechtfertigung des Sünders stand im Mittelpunkt. Viele Menschen fanden Frieden mit Gott.

Natürlich wurden nicht alle Regionen[100] und auch nicht alle Menschen vom Evangelium erfasst. Die Glaubenslosigkeit unserer Mitmenschen und die Not der Verlorenen kann bis heute keinen wahren Christen ruhen lassen. Deshalb ist es normal, dass die Sehnsucht nach reicherem Segen viele Gemeinschaftsleute bewegte.

In derselben Zeit, in der Pastor Paul seine perfektionistische Lehre vom Innewohnen des neuen Adams in Gnadau verbreitete, brach in der südenglischen Grafschaft Wales eine besonders spektakuläre Erweckung aus, in der ähnliche Lehren mitbestimmend waren, wie sie Jonathan Paul vertrat.

Der Erweckung in Wales ging 1902-1904 ein Evangelisationsfeldzug des amerikanischen Predigers Reuben Archer Torrey (1856-1928), unterstützt von dem Evangeliumssänger Charles Alexander (geb. 1867), durch zahlreiche englische Städte voraus.[lxxxvi]

---

[100] So hat der größte Teil von Sachen-Anhalt und Thüringen, dem Gebiet, in dem einst Luther und später August Hermann Francke wirkten, keine Erweckung erlebt. Auch in Brandenburg und Mecklenburg erfasste die Erweckungsbewegung nur einen kleinen Teil des Adels.

Torrey war seit 1889 Leiter des von Moody gegründeten Bibelinstituts in Chicago.[lxxxvii] Wie bei Finney und Moody prägte Torreys Evangelisationsprogramm die Lehre von der Geistestaufe. Sie erregte wieder in weiten Teilen Englands und Wales die Gemüter. Auch in Deutschland wurden die Ereignisse schnell bekannt. Deshalb lud man Torrey 1905 zur Blankenburger Allianzkonferenz ein, wo er über die Vorbedingungen der Geistestaufe sprach.[lxxxviii]

Dazu kam der Einfluss der Keswick-Konferenzen, die zum Zentrum der britischen Heiligungsbewegung geworden waren.

Wales war, wie in Deutschland Württemberg oder das Siegerland, schon oft Erweckungsgebiet gewesen. Walter Michaels führte dies – neben der Gnade Gottes – auch auf den dortigen Volkscharakter, der „leicht beweglich und lebhaften Gefühlsäußerungen zugänglich" ist, zurück.[lxxxix]

In Wales lebte damals der junge Schmied und Bergmann Evan Roberts (geb. 1878). Er hatte sich entschieden, in die hauptberufliche Gemeindearbeit einzutreten und besuchte das methodistische Predigerseminar in Newcastle Emlyn. Ihn beeindruckte die Evangelisationskampagne Torreys sehr. Durch eine Vision[101] veranlasst, gab er sein Studium auf, um sofort in seiner Heimat zu evangelisieren. Schon bald sammelten sich Tausende in den Versammlungen von Roberts und Prediger Seth Josua, der ihn unterstützte.[xc]

In diesen Veranstaltungen trat die Predigt, die sonst den Schwerpunkt der Evangelisationen ausmachte, etwas in den Hintergrund. Dreiviertel der Zeit waren mit spontanen Liedern, Gebeten und Zeugnissen gefüllt. Die Veranstaltungen hatten keine straffe Leitung, sondern man wollte den Ablauf bewusst der Leitung des Heiligen Geistes überlassen. Das bedeutete, dass keine vorbereitete Ansprache gehalten

---

[101] Roberts sah sich in der Vision in seiner heimatlichen Schule, wo er Jugendfreunden predigte. Im weiteren Fortgang der Erweckung von Wales, spielen Visionen eine wichtige Rolle.

wurde, sondern jeder Zeugnis ablegte, wie er sich vom Geist getrieben sah. Lob- und Dankgebete für die empfangene Geistestaufe waren besonders oft in den Gebetsgemeinschaften zu hören. Unter der Geistestaufe verstand man in Wales ein Überströmtwerden mit der Kraft des Heiligen Geistes, welches zu einem ununterbrochenen Siegesleben und zu besonderer Befähigung zum Dienst für den Herrn führte. Besonderer Wert wurde in Wales auf das öffentliche Sündenbekenntnis gelegt. Roberts stellte vier Forderungen an die Anwesenden, die noch keine Glaubensentscheidung getroffen hatten:

1. Kniet sofort nieder und bekennt, wenn es in eurem Leben eine noch nicht ausgesprochene Sünde gibt.
2. Sollte es in eurem Leben etwas geben, wovon euch nicht klar ist, ob es gut oder böse ist: Weg damit! So etwas darf nicht vorhanden sein.
3. Gehorcht dem Geist.
4. Bekennt Christus öffentlich vor Menschen.[xci]

Fast jede Verkündigung endete mit der Aufforderung: „Gehorcht dem Heiligen Geist."[xcii] Die Erweckungsversammlungen hatten übergemeindlichen Charakter. Glieder fast aller Denominationen arbeiteten mit.

Ihren Höhepunkt erreichte die Erweckung auf der Heiligungskonferenz in Keswick vom 22.-31. Juli 1905, wo Jessie Penn-Lewis, die spätere Gattin von Robert Penn-Lewis, besonders hervortrat. In ihrer Verkündigung erklärte sie die Geistestaufe als eine tiefere Erfahrung des „Mitgekreuzigtseins des Ichs (Röm 6)". Sie wurde sehr populär. Die meisten ihrer Schriften wurden auch ins Deutsche übersetzt und fanden in den Gemeinschaftskreisen und der Allianz starke Verbreitung.[xciii]

Die Erweckung von Wales wurde in Deutschland mit großem Interesse verfolgt. Namhafte Vertreter der Gemeinschaftsbewegung fuhren selbst nach Wales und kamen zumeist mit begeisternden Eindrücken zurück[102]. Das von Bernstorff und Lohmann herausgegebene Blatt „Auf der Warte" brachte regelmäßig begeisternde Berichte. Ein wichtiger, zustimmender Bericht stammte vom damals sehr bekannten Evangelisten und Seelsorger Johannes Seitz (1839-1922).[xciv]

Nur Jakob Vetter, der Gründer der Deutschen Zeltmission, erklärte später, dass er enttäuscht aus Wales zurückgekehrt sei, weil das göttliche Wort nicht im Mittelpunkt gestanden habe.[xcv]

Die Wellen der Walser Erweckung erreichten auch andere Länder. 1905/06 griff sie direkt auf Deutschland über.

Den Anfang nahm sie Pfingsten 1905 in Mülheim, wo Pastor Ernst Modersohn (1870-1948) und Pastor Martin Girkon (1860-1907) gemeinsam arbeiteten. Es kamen in Mülheim Hunderte zum Glauben. In seiner Autobiographie überschrieb Pastor Modersohn den Bericht über die Erweckung mit „Ein wunderbares Pfingsten".[xcvi] Allerdings hatten die Erweckungsversammlungen in Mülheim einen wesentlich nüchterneren Charakter als in Wales. Aus der Mülheimer Erweckung ging die „Christliche Gemeinschaft" Mülheim hervor, deren erster Leiter Emil Humburg[103] wurde.

In der Folgezeit erfasste die Erweckung noch weitere Orte Rheinland-Westfalens. Sie breitete sich über viele Teile Deutschlands aus. Es gab Erweckungen in Barmen, wo General von Viebahn evangelisierte. Auch in Hamburg, Breslau und Stettin gab es 1905-06 derartige Versammlungen.[xcvii]

---

[102] Mit dabei waren Otto Stockmayer, Johannes Seitz, Jakob Vetter und Eva von Tiele-Winckler.

[103] Emil Humburg (geb. 1874) wurde später Vorsitzender des Hauptbrüdertages der Mülheimer Pfingstbewegung.

Begünstigt wurde die Krise durch eine im 19. Jahrhundert im pietistischen Raum aufgekommene Heilungsbewegung
Neben der Oxforder Heiligungsbewegung gab es eine weitere, im Zusammenhang mit dem Aufkommen der Pfingstbewegung in Deutschland nur selten erwähnte Bewegung, nämlich eine stille Heilungsbewegung.[104] Mit Sicherheit hat auch sie den Boden für die spätere Pfingstbewegung, in der geradezu eine Sucht nach Zeichen und Wundern herrschte, mit bereitet.

Diese Heilungsbewegung wurde – vielleicht weil spätere Hauptkritiker der Pfingstbewegung sehr stark in ihr engagiert waren – kirchengeschichtlich selten erwähnt.[105] Wie stark die Heilungsbewegung gerade in der Gemeinschaftsbewegung zuhause war, wird meist nicht beachtet. Das ist schon deshalb fatal, weil in der modernen Pfingst[xcviii]- und Charismatischen Bewegung[xcix] der Krankenheilung ein besonders zentraler Platz eingeräumt wird.

Seit der Mitte des 19. Jahrhunderts entstanden in Deutschland und in der Schweiz Seelsorgezentren, in denen viele Menschen Heilung von Krankheiten und Befreiung von okkulten Bindungen und Besessenheiten suchten und auch fanden. Ein besonders Aufsehen erregenden Anfang nahm diese Bewegung in Möttlingen und später in Bad Boll bei Pfarrer Johann Christoph Blumhardt (1805-1880)[c]. Zwar kann man seinen Seelsorgedienst nicht mit den spektakulären Heilungsversammlungen der heutigen Charismatischen Bewegung vergleichen – er versuchte ihn auch weitgehend von der Öffentlichkeit abzuschirmen –, aber der Ruhm als „heilender Pfarrer", der Blumhardt begleitete, ähnelte durchaus dem heutiger Heilungspfingstler.

In der Schweiz waren es Dorothea Trudel (1819-1862)

---

[104] Prof. Stefan Holthaus (FTH Giessen) weist in einer Studie darauf hin, die hier stark einbezogen ist.

[105] Die Seelsorgezentren von Johannes Seitz und Otto Stockmayer waren Zentren der Heilungsbewegung.

(auch „Jungfer Trudel" genannt) und ihr Nachfolger Samuel Zeller, die in Männedorf ein solches Zentrum leiteten. Auch Robert P. Smith suchte in Männedorf Heilung von seiner Krankheit. Dies ist ein Hinweis auf die innere Verbundenheit der Oxforder Heiligungs- und der deutschen Heiligungs-bewegung.

Schloss Hauptwil, das Seelsorgeheim von Pastor Otto Stockmayer, dem wichtigsten Vertreter der Heiligungs-bewegung in der Gemeinschaftsbewegung, war ein seel-sorgerliches Heilungszentrum.

In Teichwolframsdorf in Sachsen, wo Johannes Seitz (1839-1922) ein Seelsorgeheim führte[ci,] und in Preußisch-Bahnau gab es solche Zentren. Johannes Seitz kam aus dem Kreis um Pfarrer Blumhardt.[cii]

Henriette von Seckendorff (1819-1878) in Cannstadt wurde ebenfalls die Gabe der Krankenheilung nachgesagt. Ihre Villa wurde ein Heilungszentrum in Württemberg. Innerhalb der Freien evangelischen Gemeinden wirkten Jan Wildeman und Peter Samanns in vergleichbarer Weise.

Allerdings ist festzuhalten, dass es in den damaligen Seelsorgeheimen in erster Linie um Verkündigung und seelsorgerliche Hilfe ging. Dennoch galten diese Häuser als Orte, in denen man von seinen körperlichen Krankheiten geheilt werden konnte. Solch ein Ruhm wird leicht zum Selbstläufer und beeinflusst die Erwartungshaltung auch gläubiger Menschen.

1878 veröffentlichte Pastor Otto Stockmayer sein Buch „Krankheit und Evangelium", in dem er die körperliche Heilung als besondere Frucht des Evangeliums herausstellte.[ciii] In gleichem Sinne wirkte auch Eugen Edel in seinen Verkün-digungsdiensten sowohl in Brieg wie im übrigen Schlesien.

Krankenheilung war damals keine Show, wie wir sie heute oft in der „power evangelism" beobachten, sondern wurde unter Gebet und Fasten im stillen Kämmerlein erfleht. Jakobus 5 macht deutlich, dass die Gemeinde auch einen

Auftrag an kranken und hilfesuchenden Geschwistern hat. Allerdings beeinflusste die starke Erfahrung von Heilung und die Verkündigung zu dem Thema manchen dazu, besonders auf solche Wunder zu sehen.

Dr. Stefan Holthaus erwähnt in seiner Studie, dass es damals bereits extreme Auswüchse im Blick auf die Erwartung von Krankenheilung gab.[106]

Er berichtet: „Diese Heilungsbewegung, lange vor der Pfingstbewegung, reichte bis tief in die Gemeinschaftskreise hinein. Keinesfalls wurden Erfolge an die große Glocke gehängt. Zudem lehnte man nur in den Extremkreisen ärztlichen Rat ab. Blumhardt hat immer wieder auf die Zusammenarbeit mit Ärzten hingewiesen, gleiches gilt wohl z.T. auch für Dorothea Trudel und Samuel Zeller. Trotzdem bereitete auch die Heilungsbewegung Ende des 19. Jahrhunderts den Boden für die Pfingstbewegung vor, in der ja Krankenheilungen scheinbar zu Alltäglichkeiten wurden. Männer wie Jonathan Paul und Eugen Edel wurden durch die Heilungstheologie schon lange vor 1907 inspiriert und geprägt. Paul schrieb 1893 einen wichtigen Beitrag zum Thema Krankenheilung, 14 Jahre vor den Phänomenen in Kassel[civ]. Er konnte sich rühmen, seit seiner vollkommenen Heiligung keine Arzneimittel mehr genommen zu haben."[cv]

Der Auslöser der Krise: Die Entstehung der Pfingstbewegung in den USA

Ihren Anfang nahm die Pfingstbewegung 1901 in Topeka-Kansas/USA. Der Methodistenprediger und Gründer einer dort ansässigen neuen Bibelschule, Charles F. Parham, beauftragte seine Schüler, anhand der Apostelgeschichte die

---

[106] Welch kuriose Blüten die Heilungsbewegung schon damals trieb, wird an Carl Polnick, dem Gründer der Allianz-China-Mission, deutlich. Er erlitt einen schweren Unfall und drohte zu verbluten, lehnte aber jede ärztliche Hilfe ab. Nur dank des beherzten Eingreifens der Ärzte konnte sein Leben gerettet werden. Er wollte seine Gesundheit allein in Gottes Hand legen.

Notwendigkeit der Geistestaufe zu belegen. Die Bibelschule stand, wie man schon an der exegetischen Aufgabe erkennt, voll hinter der Waleser Heiligungsbewegung und den Lehren Finneys und Torreys. Aufgrund von Apostelgeschichte 2,4 und 10,46 kamen die Studenten zu dem Ergebnis, dass in der Zeit der ersten Christen die Zungenrede der Beweis für die Taufe mit dem Heiligen Geist gewesen sei. Mit dieser einseitigen Textinterpretation legten sie das Lehrfundament für die entstehende Pfingstbewegung.

Aufgrund dieser Erkenntnis veranstalteten sie in den Räumen der Bibelschule intensive Gebetsversammlungen mit dem Ziel eines neuen Erfülltwerden mit dem Heiligen Geist. Am 1. Januar 1901 war es soweit. Prediger Parham legte der 18-jährigen Agnes Ozman die Hände auf. Nach intensiven Gebetsbitten, begleitet von ekstatischen Bewusstseins-zuständen, erlebte sie danach die ersehnte Taufe im Heiligen Geist[cvi]. Am Abend des 3. Januar 1901 „fiel der Heilige Geist" auf 13 weitere Personen.[cvii] Ein Augenzeuge erklärte, dass viele „eine Taufe in dem Heiligen Geist (empfingen), und sie sprachen in Zungen, und einer empfing die Auslegung der Zungen"[cviii]. Eugen Edel behauptete später, dass die neue Lehre vorerst „auf die Gläubigen konzentriert" blieb[cix], was aber in der heutigen Forschung bestritten wird. Dieter Lange[107] stellt vielmehr in seiner Dissertation fest: „Die Geistgetauften zogen als Evangelisten durch das ganze Land. Sie propagierten ihre neue Erfahrung, redeten in Zungen und gaben damit einen glaubwürdigen Beweis ihrer Aussagen."[cx]

Ihren bedeutendsten Anstoß erlebte die Zungenbewegung 1906 in Los Angeles. Das gewaltige Erdbeben von San Francisco kurze Zeit zuvor hatte die Menschen in den USA erschüttert. Unter anderem veranlasste es auch eine Gebets-gruppe der farbigen Gemeinde in der Azusa Street in Los

---

[107] Dieter Lange promovierte mit seiner Arbeit an der Friedrich Schiller Universität Jena.

Angeles, um Erweckung zu beten. Auch in dieser Gemeinde waren die Lehren von Torrey und die Berichte über die Erweckung von Wales bekannt. Dies ließ viele Gemeindeglieder mit Jesu baldiger Wiederkunft rechnen und auf eine endzeitliche Erweckung hoffen.[cxi]

Am 22. Februar 1906 kam der schwarze Heiligungsprediger William J. Seymour (1870-1922), einer der Evangelisten aus Topeka-Kansas, nach Los Angeles. Er predigte auch in der Gemeinde in der Azusa Street 312. Allerdings war für die dortigen Christen die Lehre und Praxis der Geistestaufe so, wie sie aus der Bibelschule von Topeka-Kansas kam, neu. Zuerst lehnten sie diese ab. Seymour wollte bereits nach Houston zurückreisen, als ihm die Möglichkeit eröffnet wurde, noch zu bleiben.

Am 9. April 1906 kam es dann zu ersten Geistestaufen in Los Angeles.[cxii] Einige Anwesende sprachen in Zungen, andere legten sie aus. Das geheimnisvolle Ereignis sprach sich bald herum, und viele Interessierte fanden sich in der Azusa-Mission ein, um das Geschehen selbst zu sehen. Die Presse, die vorwiegend abfällig von den Vorgängen berichtete, sorgte zusätzlich für Popularität. Es wurden Camp-Meetings abgehalten, die von 10.00 Uhr bis in die späte Nacht gingen. Das heizte die Atmosphäre zusätzlich auf. In den turbulenten Versammlungen kam es ständig zu neuen Geistestaufen. Die Geistestaufen und das damit verbundene Zungenreden wurden durch Handauflegen vermittelt. In den Versammlungen traten neben der Zungenrede auch andere ekstatische Erscheinungen auf. Wer die Versammlungen besuchte, erlebte, wie die Geistgetauften plötzlich umfielen, am ganzen Körper zu zittern begannen oder sich in krampfhaften Zuckungen auf dem Boden bewegten.[cxiii] Phänomene, die bis heute immer wieder in Versammlungen der Pfingstler und der Charismatischen Bewegung zu erleben sind.[108] Kein Wunder, dass Paul Wisswede und Hermann Schöpfwinkel[109] auf die Kultur im Umfeld der Gemeinde Los Angeles hinweisen und hier Zusammenhänge sehen: „In keiner Stadt der Erde sollen Theosophie, Mystizismus, Spiritismus, Zauberei, Hellseherei, Schwarzkunst, kurz Okkultismus mit allem Spuk, Dämonismus und sittliche Entartung so aufgespeichert sein wie dort."[cxiv]

Die Bewegung von Los Angeles nahm rasch zu. Ihre Befürworter reisten durch die ganze USA, wo sich der Bewegung bald auch wohlhabende Weiße anschlossen. Mit der kostenlos weitergegebenen Zeitschrift „The Apostolic Faith" entstand eine lose Verbindung der Anhänger der Los Angeles Bewegung. Man organisierte sich in der neu gegründeten „Apostolic Faith Mission".[cxv] Dies war die erste Pfingstgemeinschaft im heutigen Sinne.

Frank Bartlman (1871-1935) wurde der wichtigste Propagandist der Pfingstbewegung der ersten Jahre.[cxvi] In einem Vorwort zu Bartlmans Buch „Feuer fällt in Los Angeles" („How Pentecost came to Los Angeles", erstmals 1925 erschienen, dt. 1983) schrieb der international bekannte Pfingsttheologe Vinson Synan: „Bis zu jenem Zeitpunkt war Bartlmans ganzes Leben praktisch eine Vorbereitung auf die Rolle gewesen, die er als Berichterstatter über die Ereignisse in der Azusa-Straße erfüllen sollte. Es ist anzunehmen, dass sich die Pfingstbewegung ohne seine Berichterstattung nicht so schnell und auch nicht so weit ausgebreitet hätte. Als Journalist ‚informierte' er nicht nur die Welt über die Pfingstbewegung, sondern trug auch in großem Maße dazu bei, dass sie sich ‚formierte'."[cxvii]

---

[108] Während des sogenannten Toronto-Segens in den 90er Jahren, standen sie auch in deutschen charismatischen Kreise wieder besonders stark im Vordergrund.

[109] Führende Persönlichkeiten des Gnadauer Verbandes, die das Aufkommen der Pfingstbewegung noch persönlich erlebten.

Die entstehende Pfingstkirche hatte damals kein besonderes theologisches Konzept. Ihre Glieder vertraten in etwa Torreys Lehre von der Geistestaufe, durch die sie die urchristlichen Geistesgaben (1Kor 12) wieder empfangen hätten.[cxviii] Meist war für sie das Zungenreden der Echtheitsbeweis für die Geistestaufe. Vereinzelt trat auch die Gabe der Krankenheilung auf. Es wurden die nahe Wiederkunft Jesu verkündigt und oft auch Termine impliziert.

4. Wie die schwarmgeistige Krise die deutsche Erweckungsbewegung erfasste

Anlässe für die die Krise von 1907-1909 gab es, wie wir sahen, genug. Die Atmosphäre in den frommen Kreisen war aufgeheizt. Es fehlte nur noch der entscheidende Funken. Dieser Funken kam, als die amerikanische Pfingstbewegung nach Deutschland übergriff.

Der Weg der Pfingstbewegung nach Europa

Norwegen wurde das erste europäische Land, in dem die Pfingstbewegung Fuß fasste.

1905 reiste der norwegische Methodistenpastor Thomas B. Barrath (1862-1940)[110] in die USA. Da seine Gemeinde in Christiana[111] ihren Kirchsaal erweitern wollte, beabsichtigte er, dort eine Kollektenreise durchzuführen. Dort kam er mit der entstehenden Pfingstbewegung in Los Angeles in Berührung, die ihn außerordentlich beeindruckte. Nach neunundreißigtägigen inneren Kämpfen und zwölfstündigem ununterbrochenem Gebet empfing er die Geistestaufe und unter Handauflegung die Gabe der Zungenrede.[cxix] Er beschrieb das Ende seines Kampfes so: „Ich empfing schließlich eine Geistestaufe, so stark, dass, obgleich ich körperlich so stark bin wie nur je, es meinen ganzen Körper erschütterte. Meine Umgebung sagte mir, dass sie ein Licht über meinem Haupte sah, das sich zu einer Feuerkrone formte, und Feuerzungen. Ich fühlte eine eigentümliche Kraft, und ich begann in

---

[110] Barrath stammte aus Alabaston in England. Er siedelte nach Norwegen über und war schon mit 23 Jahren Methodistenprediger. Er wurde zum eifrigsten Förderer der Pfingstbewegung in Skandinavien.

[111] Heute Oslo.

verschiedenen Sprachen zu reden. In kurzen Zwischenräumen redete ich wenigstens in acht Sprachen. Ich hatte die Pfingst-taufe erhalten, um die ich gebeten hatte."[cxx]

Barrath kehrte nach Norwegen zurück und noch vor Weihnachten 1906 begannen die ersten Pfingstversamm-lungen in Christiana. Er ging genauso vor, wie er es in Los Angeles erlebt hatte. Die auch in Norwegen bis in die Nacht andauernden Versammlungen arteten hier ebenfalls in oft wildester Ekstase aus. Die Geistgetauften stürzten zu Boden, dass der Saalboden buchstäblich mit zungenredenden, zuckenden und hingestreckten Menschen bedeckt war.[cxxi]

Erste Nachrichten von der Pfingstbewegung werden in Deutschland wohlwollend aufgenommen

Die Nachrichten von den Ereignissen in Los Angeles und Norwegen wurden sowohl in der deutschen Gemeinschafts-bewegung wie in der Evangelischen Allianz mit großem und meist wohlwollendem Interesse zur Kenntnis genommen.

Der Boden für die neue Bewegung war ja vorbereitet. Die Lehre Torreys von der Geistestaufe und die Hoffnung auf eine große endzeitliche Erweckung, waren in den evangelikalen Kreisen allgemein verbreitet. Die evangelikalen Publikationen berichteten über die Vorgänge in Los Angeles und Christiana. Überhaupt spielen in der weiteren Entwicklung die evangeli-kalen Medien eine Rolle wie nie zuvor.[112] Die meisten Publikationen vertraten 1907 die Meinung, dass in Kalifornien und Norwegen eine wirkliche Erweckung verbunden mit urchristlichen Gnadengaben aufgebrochen sei.

---

[112] Das „Evangelische Allianzblatt" (Kühn), „Auf der Warte" (Bernstorff und Lohmann), „Heiligung" (Paul), „Licht und Leben" (Rheinland und Westfalen), „Philadelphia" (Altpietisten), „Sabbathklänge" (Modersohn), „Michaelsbote" (Pückler), „Evangelischer Brüderbote" (Seitz), „Israels Hoffnung", „Reichsgottesarbeiter" später „Der Gemeinschaftsbote" (Gnadau), „Das Deutsche Gemeinschaftsblatt" (Cröpper) und „Pfingstgrüße" (Paul) sowie zahlreiche nur regional vertriebene Publikationen.

Eugen Edel, damals ein einflussreicher Prediger in Brieg, schrieb in der Zeitschrift „Auf der Warte"[113], dass die Gabe der Zungenrede für die Gläubigen dringend notwendig sei.

Pastor Jonathan Paul vertrat im „Evangelischen Allianzblatt" und in seiner Zeitschrift „Heiligung" die Meinung, dass es in Los Angeles und in Christiana zu einer neuen Ausgießung des Heiligen Geistes gekommen sei.

Bernhard Kühn, der einflussreiche Schriftleiter des Allianzblattes[114], der zwar auch kritische Stellungnahmen abdruckte, lobte die Ereignisse als „neu eingesetzte Geistbewegung" und gab seiner Hoffnung Ausdruck, dass die deutschen Gemeinden bereit werden, aus den alten Gleisen herauszutreten und Träger dieser Bewegung zu werden.[cxxii]

Pastor Jonathan Paul reiste Anfang 1907 nach Christiana, um die Bewegung selbst zu erleben. Wie nicht anders zu erwarten, kam er begeistert zurück. Er veröffentlichte darüber ebenfalls einen Bericht im „Evangelischen Allianzblatt" und äußerte den Wunsch, dass das Zungenreden auch in den deutschen Versammlungen einen festen Platz bekommen müsse.[cxxiii]

Warnungen vorerst nur aus England
Erste warnende Töne kamen nur aus dem angelsächsischen Bereich.[115] Jessie Penn-Lewis[116] schrieb aufgrund von seelsorgerlichen Anfragen im „Evangelischen Allianzblatt" einen

---

[113] Herausgeber waren die Evangelisten Andreas von Bernstorff und Pfarrer Johannes Lohmann.

[114] Das Evangelische Allianzblatt mit seinem Schriftleiter Bernhard Kühn änderte nach den bitteren Erfahrungen von Kassel seine Haltung und wurde zeitweise zum wichtigsten Organ der Gegner der Pfingstbewegung.

[115] Allerdings meldete sich auch Johannes Seitz bereits am 7. Juli 1907, also vor den traumatisierenden Ereignissen von Kassel, mit seinem „Brief an die Pfingstleute von Los Angeles" sorgenvoll zu Wort.

[116] Was sehr verwunderlich ist, da sie ja eine Hauptfigur der Wales-Erweckung war.

Beitrag mit dem Titel „Seid nüchtern! Eine zeitgemäße Warnung".[cxxiv] Ihrem Beitrag schloss sich eine grundsätzliche theologische Betrachtung von Dr. Pierson an. Darin stellte er acht Kriterien zur Prüfung solcher Bewegungen auf:

1. Die unfehlbare Schrift muss letzte Instanz jeder Prüfung derartiger Bewegungen sein.
2. Die am meisten zu suchenden Gaben sind die, die zur Erbauung dienen.
3. Alle echten Gaben fördern Frieden und Harmonie in der Gemeinde.
4. Alle echten Gaben führen in die Demut.
5. Gaben, die zur Selbstverherrlichung des Gabenträgers dienen, sind Täuschungen.
6. Menschlicher Einfluss bei der Erlangung von Geistesgaben ist unvereinbar mit der Herrschaft des Geistes Gottes.
7. Alles, was Neigung zur Spaltung in sich hat, ist für den schwersten Verdacht offen.
8. Wir sollen allezeit wachsam sein, um satanische Verkleidung und Verfälschung zu entdecken.[cxxv]

Dr. Piersons Hauptaussage war: „Was Verwirrung und nicht Ordnung hervorruft, kann nicht von Gott sein, denn er ist nicht der Urheber von Unordnung, sondern von schicklicher Übereinstimmung von Gesetz und Ordnung und Frieden."[cxxvi]

Solche Aussagen wurden wohlwollend zur Kenntnis genommen, veränderten aber nichts an der interessierten Offenheit unter den der Evangelischen Allianz und der Gemeinschaft nahestehenden Christen.

Die Brieger Woche 1907 steht hinter der neuen Bewegung
Im größeren Kreis wurde die Frage erstmalig bei der Brieger Woche[117] vom 22.-26. April 1907 thematisiert. Sie stand unter

---

[117] Eine vielbeachtete Glaubenskonferenz.

der Überschrift: „Der Austausch über die Folgeerscheinungen der Erweckungsbewegung in Wales, Kalifornien und Norwegen". Anwesend waren so bekannte Gemeinschaftsleiter und Erweckungsprediger wie Pastor Stockmayer, Hauptwyl; Prediger Eugen Edel, Brieg; Pastor Regehly, Breslau; Pastor Simsa, Bonn; Prediger Göbel, Barmen; Evangelist Seitz, Teichwolframsdorf; und Evangelist Heinrich Dallmayer aus Kassel.

Jonathan Paul berichtete in Brieg begeistert über seine Eindrücke aus Norwegen.

Eugen Edel vertrat die Meinung, dass Joel 3 mit den Pfingsttagen noch nicht voll erfüllt sei. Nach seiner Sicht begann Pfingsten erst die Erfüllung. Durch den Kleinglauben wäre es bald nach Pfingsten zu einer langen geistlichen Pause gekommen. Deshalb müsse noch ein weiteres Pfingsten kommen. Damit gab Edel eine damals viel vertretene Ansicht wieder.[118]

Rektor Dietrich, der Vorsitzende der Altpietisten aus Württemberg, mahnte zur Vorsicht und zur Besinnung auf das Zentrum unserer Botschaft, die Erlösung durch das Blut Christi.[119]

Auch Otto Stockmayer warnte vor den Begleiterscheinungen des Zungenredens, die auf Außenstehende abstoßend wirken könnten. Er hatte bereits in Indien Zungenreden erlebt.

Dennoch setzten sich die Kräfte durch, die von der enthusiastischen Bewegung begeistert waren und sowohl die Geistestaufe wie auch das Zungenreden als wichtige Gabe für die deutsche Gemeinschaftsbewegung wünschten.[cxxvii]

---

[118] Schon Blumhardt rechnete mit einem zweiten Pfingsten.

[119] Dietrich war einer der wenigen führenden Gemeinschaftsmänner, die der Bewegung von Anfang an vorsichtig gegenüberstanden.

Die ersten Pfingstversammlungen in Deutschland

Die ersten Zungenrednerinnen, die in Deutschland die Bewegung einführten, waren die Norwegerinnen Dagmar Gregersen und Agnes Telle.

Der Leiter der Hamburger Strandmission, Prediger Emil Mayer (1869-1950), besuchte im Juni 1907 die Pfingstgemeinde in Christiana. Er war so beeindruckt von den dortigen Erfahrungen, dass er die beiden Frauen nach Hamburg einlud. Ihr schlichtes, sympathisches Auftreten zog viele in den Bann.[cxxviii] Ein als erfahrener Christ geltender Mann sagte: „Die Engel im Himmel können nicht schöner singen als die Norwegerinnen in Zungen."

Einzig von Elias Schrenk hörte man schon bei einer Gemeinschaftskonferenz 1906 in Barmen die skeptische Aussage, dass es ihm zweifelhaft sei, dass der erhöhte Herr „zwei Fräulein als Trägerin einer Geistbewegung nach Deutschland schicke."[120/cxxix]

Während die Norwegerinnen in Hamburg weilten, hielt der junge Evangelist Heinrich Dallmayer (1870-1925) evangelistische Vorträge im neuen Heim der Hamburger Strandmission. Er empfing in dieser Zeit in Hamburg die Geistestaufe und lud die Norwegerinnen nach Kassel ein.

---

[120] Die Aussage von Schrenk findet man in allen Quellen unter dem Jahr 1906. Möglicherweise ist hier eine Verwechslung geschehen, da die beiden Norwegerinnen ja erst 1907 in Deutschland auftraten. Eventuell haben alle, die darauf Bezug nahmen, voneinander abgeschrieben. Nachweislich hat Schrenk eine Tagung zum Thema Pfingstbewegung im Dezember 1907 in Barmen einberufen.

5. Die verhängnisvollen Ereignisse von Kassel

Der Bruch in der Beurteilung der Pfingstbewegung trat erst mit den Pfingstversammlungen im Juli 1907 ein.

Am 7. Juli 1907 begann die Veranstaltungsreihe im Saal des Kasseler Blaukreuzhauses.[cxxx]

Die Ereignisse von Kassel sollten die spektakulärste Veranstaltung der pfingstlerischen Anfangszeit in Deutschland werden.

Die Veranstaltungsreihe stand unter dem Leitgedanken: „Alles Fleisch sei stille vor dem Herrn (Sach 2,13), d.h. alles, was dem Fleisch entstammt, soll schweigen. Die mit dem Geist Erfüllten, auch die Zungenredner, sollen sich in Zucht halten, aber nicht den Geist, wo er wirkt, dämpfen. Wer mit dem Geist erfüllt ist, der mag tun, was der Geist ihn treibt, wer schreien muss, der schreie, wer in Zungen reden muss, der rede in Zungen."[cxxxi]

Anfangs nahmen die Versammlungen einen ruhigen Verlauf. Selbst der 77-jährige Evangelist Elias Schrenk, der vom 14.-21. Juli 1907 anwesend war, war beeindruckt und betete am ersten Abend öffentlich: „Wir danken dir Herr, dass du wieder zurückgekehrt bist in deinen Tempel."[cxxxii]

Theodor Haarbeck (1846-1923)[121], der Direktor des Johanneums in Wuppertal[122], ermutigte Dallmayer ausdrücklich, weiterzumachen.

Aber bald gerieten die Versammlungen außer Kontrolle. Es

---

[121] Einer der profiliertesten Theologen der Gemeinschaftsbewegung, Direktor der Evangelistenschule Johannneum in Barmen und von 1911-19 Vorsitzender des Gnadauer Verbandes.

[122] Die von Christlieb gegründete Evangelistenschule Johanneum war damals die wichtigste Gnadauer Predigerschule in Deutschland. Dallmayer war einst Student dieses Seminars.

ging immer tumultartiger zu. „Gesänge, Sündenbekenntnisse, Bußreden mengten sich mit unartikulierten Stammeln, Schreien, Stöhnen, Seufzen, Weinen, lautem Händeklatschen und Wiehern. Man sah krampfhaft verzerrte wilde Mienen, die Gebärden Rasender, ferner Menschen, die halb ohnmächtig zu Boden sanken oder rücklings zu Boden geworfen wurden, die wild um sich schlugen, halb bewusstlos. Irgendjemand sprang auf und begann unverständliche Rufe auszustoßen, die vom Versammlungsleiter als Ausfluss überirdischer Erleuchtung bezeichnet wurden. Die sogenannte ‚Prophetie' brachte angeblich göttliche Botschaften durch meist jüngere Prophetinnen, die schließlich eine Hauptbotschaft zutage förderten: Ein Pfingsten, ein mächtiges Pfingsten kommt!"[cxxxiii]

Viele der Botschaften wurden in Zungenrede weitergegeben und ausgelegt. Ein Großteil dieser Botschaften geschah in der ersten Person Gottes, z.B.: „Ich, der Herr, ich will mich verherrlichen! Ich gehe voran, folgt mir auf meinem Siegeszug!"

Die Zungenredner verkündigten, dass von Kassel aus die Bewegung ganz Deutschland erfassen sollte.[cxxxiv]

Durch die empfangenen Geistesgaben geschahen scheinbare Wunder. Einem seit langem kranken jungen Mädchen wurde geboten: „Steh auf und sei gesund", sie antwortete: „Ich kann nicht, ich bin doch krank." Daraufhin wurde ihr gesagt: „Wenn du nicht aufstehst, wird es schlimmer mit dir." Sie gehorchte nun und war zum Erstaunen ihrer Bekannten gesund.[cxxxv]

Die Propheten offenbarten Sünden der Anwesenden. Erschüttert bekannten andere öffentlich ihre Sünden, besorgt, dass sie ansonsten auch durch die Propheten bloßgestellt werden würden. Was auch immer wieder geschah.

Ein Prophet sagte: „Hier vorn in der ersten Reihe sitzt ein junger Mann … (der Name wurde genannt), dieser hat heute morgen eine Sünde der Unsittlichkeit begangen."[cxxxvi]

Sobald kritische Stimmen laut wurden, wurden sie durch Weissagungen der Propheten zum Schweigen gebracht. Die Propheten erklärten immer häufiger, es seien Hindernisse in der Versammlung, die den Heiligen Geist dämpften. Dann ertönten die Schreie der Geisterfüllten: „Raus-raus!" Taten es die Aufgeforderten nicht, deckte der unheimliche Geist auch ihre Verfehlungen öffentlich auf.[cxxxvii]

Allmählich begannen die Versammlungen in der Stadt ein öffentliches Ärgernis zu werden. Viele Schaulustige umringten das Blaukreuz-Haus. Die Presse machte sich lustig: „Das ganze gleicht einem sinnverwirrenden Eindruck, man glaubt es mit Hypnotisierten zu tun zu haben", schrieb eine örtliche Zeitung.[cxxxviii]

Aufgeschreckt durch die Entwicklung, meldete sich endlich Elias Schrenk, der ursprünglich hinter den Versammlungen stand, zu Wort: „Es ist ein Geist von unten, der sich Eingang verschafft hat. Gebt die Versammlungen auf, arbeitet in der Stille weiter."

Damit wurde das erste Mal öffentlich geäußert, dass hier „ein Geist von unten" am Werk sei. Später redete Heinrich Dallmayer selbst von „Spiritistenspuk".[cxxxix]

Aber die suggestive Kraft der Prophetinnen und ihrer Unterstützer waren einflussreicher, als die Autorität Schrenks. Sie warnten, dass man sich durch einen Abbruch am Heiligen Geist versündigen könne. Immer wieder ertönte der Befehl aus dem Mund der Propheten: „Fortmachen – Fortmachen."[cxl]

Nach vier Wochen wurde auf Druck der Stadtverwaltung und der Polizei die Versammlung aufgelöst. Die Norwegerinnen zogen weiter. Die Gemeinschaftsarbeit aber in Kassel und Umgebung war derart beschädigt, dass man um ihre Zukunft fürchtete.[cxli]

Nach Kassel ging es weiter

Trotz dieses unrühmlichen Endes ging die Sache weiter. Die Norwegerinnen reisten weiter durch Deutschland. In Großalmerode bildete sich um den bekannten pietistischen Pastor Holzapfel ein neuer Mittelpunkt.

Die Zungenredner erhofften sich auf der Blankenburger Konferenz eine neue Bühne. Allerdings verhinderten dies die Verantwortlichen. Freiherr von Tümmler, der Vorsitzende der Konferenz, eröffnete diese am 26. August 1907 mit den Worten: „Die Welt braucht nichts Aufregendes, Sensationelles, sondern Kinder Gottes, die sich drangeben können." Man achtete auf Ordnung, und die Bibelarbeiten, u.a. von Otto Stockmayer, waren biblisch gegründet. Es wurde viel Wert darauf gelegt, dass der Ablauf der Veranstaltungen in nüchternen Bahnen lief.

Die Anhänger der Zungenbewegung zogen sich daraufhin, teilweise schwer enttäuscht, von Blankenburg zurück.[cxlii] Allerdings nicht, ohne die Gegner der Zungenbewegung oft sehr boshaft zu attackieren.

Führende Pfingstler sammelten sich zu einer so genannten „Geisterprüfung" bei Eugen Edel. Dort wurden durch Zungenbotschaften Gegner der Pfingstbewegung als „Füchse, giftige Schlangen, Wölfe u.a." bezeichnet. Ihr „Gewissen gleicht einem Eitergeschwür, das am Platzen sei". Und über die Teilnehmer der Allianzkonferenz geiferte der Geist dieser Bewegung, „dass der Herr sie verwerfen, verstoßen, verfluchen, wie die Rotte Korah umbringen wird."[cxliii] Der Pfingstgeist ließ seine Maske fallen.

Örtliches Zentrum der sich nun formierenden Pfingstbewegung wurden zunächst die ostdeutschen Gemeinschaftsverbände, in denen mit Pastor Regehly (1867-1912) in Breslau, Pastor Paul und Prediger Eugen Edel die bekanntesten Verfechter der Pfingstbewegung sehr einflussreich waren.[123] Pastor Paul organisierte in Bad Liebenzell und Königsberg große Pfingstversammlungen. Paul selbst erhielt am 15. September 1907 in Bad Liebenzell die Gabe der Zungenrede. Erstmalig berichtete er von diesem Erlebnis im September 1907 auf der Herbstkonferenz[124] der Gemeinschaft in Breslau.[cxliv]

---

[123] Mit Ostdeutschland sind die damaligen ostdeutschen Gebiete, die heute zu Polen und Russland gehören, gemeint.

[124] Jonathan Paul hat in Breslau öffentlich in Zungen gesungen und veröffentliche später den Text in seiner Zeitschrift „Heiligung": „Schua ea, Schua ea, o Tschu biro, ti ra pea, Akki Lungo, t ari fungo, u li bira, ti ra tungo, Latschi bungo ti tu ta." Laut Ausleger sei dies das bekannte pietistische Lied „Lass mich gehen" in göttlich eingegebener Zungensprache.

6. Erste nüchterne Stimmen aus Deutschland erheben Einspruch

Langsam bekamen nun die nüchternen Kräfte der Gemein-schaftsbewegung einen klaren Blick und Mut. Bis Juli 1907 hörte man außer von der Vertreterin der Keswick-Heiligungs-konferenz, Frau Jessie Penn-Lewis und Dr. Pierson, fast nur wohlwollende Beurteilungen der Pfingstbewegung. Dann allerdings trat als erster Vertreter der Gemeinschaftsbewegung der alte Evangelist Johannes Seitz[125] warnend auf.

Schon vor den Ereignissen von Kassel meldete er sich mit einem, von väterlicher Sorge getragenen Brief an die Leiter der Pfingstbewegung zu Wort. Sein Brief ist deshalb von besonderer Bedeutung, weil er vor den Ereignissen in Kassel geschrieben wurde. Er ist also keine Reaktion auf Ent-gleisungen, sondern die Mahnung eines erfahrenen Seel-sorgers an die Leiter der noch im Aufbruch stehenden Pfingst-bewegung. Als brennender Evangelist und als Seelsorger, der während seiner vielen Jahre im Dienst Jesu selbst viele Wunder erleben durfte, hoffte er, in der neuen Bewegung helfen zu können, die Spreu vom Weizen zu trennen. Seine

---

[125] Der damals schon alte Johannes Seitz hatte in seiner Jugend selbst schwärmerische Erfahrungen gemacht. Er hatte öfters Visionen. So sah er eines Abends vor dem Schlafengehen ein helles Licht. Und als er zu Bett ging, bewegte sich der schöne Stern über sein Bett und verwandelte sich in den gekreuzigten Heiland. Er wurde von großem Glück erfüllt und berichtete Christoph Blumhardt von der Vision. Blumhardt sah den jungen Seitz lachend an und sagte: „Seitz, was hast du denn dabei gedacht? Nicht wahr, du dachtest: ‚Jetzt muss ich doch schon besonders weit sein und etwas haben, was andere nicht haben.'" Seitz bejahte und Blumhardt antwortete: „Ich will dir nur eins sagen: Wenn du glaubst, dass das Sternlein etwas Gutes und der Christus, der wirkliche Christus war, dann kannst du Luzifers Fall tun. Das ist alles Teufelsbetrug, mit dem dich der Satan in geistlichen Hochmut hineinbringen will, und dann wird das letzte schlimmer als das erste." Diese Erfahrung gab Seitz Nüchternheit und prägte ihn für seinen ganzen Dienst (Max Runge, „Johannes Seitz", Berlin, 1969, S. 19).

Worte sind von den Verantwortlichen der Pfingstbewegung leider nicht beachtet worden.

Nicht nur, weil es das erste besorgte Votum eines verantwortlichen Vertreters der deutschen Erweckungsbewegung war, sondern weil Seitz die großen Gefahren der falschen Prophetien und Offenbarungen sowie deren Ursprung aufzeigt, wollen wir seine Worte auch heute noch zur Kenntnis nehmen.

Der Brief (in Auszügen) von Johannes Seitz an die Leiter der Pfingstbewegung in Los Angeles vom 7. Juli 1906:

„Liebe Brüder!

… Diesen biblischen Gesichten, Erscheinungen, Offenbarungen, Visionen gegenüber steht die Tatsache, dass es so viele Visionen, Offenbarungen Erscheinungen, Verzückungen gibt, welche den biblischen ganz ähnlich sind, aber von hundert derselben sind immer neunundneunzig von bösen Geistern, von Satansengeln, die sich in Lichtgestalten verstellen. Diese falschen Gesichte, Offenbarungen, Visionen, Erscheinungen sind besonders in unseren Tagen so entsetzlich verbreitet und haben so viele Gestalten, dass es ganz in der Luft liegt. Stilling sagte schon im 18. Jahrhundert, der Satan werde sich vor seinem Sturz in die heiligsten Larven verlarven, um die Auserwählten zu verführen.

Ich bin jetzt fünfzig Jahre als Missionsarbeiter tätig, kam früher vom Süden bis zum Norden Deutschlands herum und fand überall solche, welche, als sie sich bekehrten und Leben von oben und den Geist Gottes empfangen hatten, sich betrügen ließen von falschen Gesichten, Offenbarungen, Erscheinungen, da ihnen Christus oder Engel erschienen; und alle oder fast alle, welche sich von falschen Geistern, Offenbarungen, Erscheinungen täuschen ließen, kamen auf Abwege, in

Schwärmerei, in frommen Größenwahn, ja manche werden vom Teufel besessen. Ich habe schon verschiedene in unseren Anstalten gehabt, die besessen oder geisteskrank waren; sie hatten Erscheinungen, wo Christus oder ein Engel ihnen erschien. Diese Erscheinungen waren oft herrlich, wunderbar, ganz den biblischen Erscheinungen ähnlich. Dadurch, dass sie diesen falschen Christus- oder Engelerscheinungen glaubten, kamen sie unter einen hochmütigen Schwarmgeist. Es kostete dann viele Kämpfe, bis sie wieder frei wurden. Gottlob, der Herr hat mich bei verschiedenen, die durch falsche Geister betrogen wurden, gebraucht, dass sie wieder frei wurden. Ich konnte bald herausfinden, was falsche Visionen oder Offenbarungen sind, weil ich selbst eine Periode durchgemacht hatte, wo ich mit einigen Brüdern die herrlichsten und wunderbarsten Erscheinungen und Offenbarungen hatte, aber Gott gab mir immer Gnade, durchzuschauen, dass es Blendwerke des Teufels waren. Als ich mich vor vielen Jahren mit einigen meiner Freunde allmonatlich acht Tage lang zu anhaltendem Gebet versammelte, um die Kraft aus der Höhe zu erbitten, um ein Pfingsten, um die Gaben des Geistes, da kamen solche wunderbaren Offenbarungen und Erscheinungen, die uns alle betrogen hätten, wenn sich Gott nicht über uns erbarmt hätte und wir nicht dem Befehl Gehör geschenkt hätten: ‚Prüfet die Geister, ob sie aus Gott sind!' Mir sind nachher die Haare zu Berge gestanden über die furchtbaren, listigen Täuschungsversuche, welche Satan an uns gemacht hat. Der Teufel wollte durch die falschen Geister, Offenbarungen, Erscheinungen alles zunichte machen, was wir von Gott erbeten hatten, und was Gott hernach durch uns ausgeführt hat. Der Teufel hätte alles zunichte gemacht, wenn wir seinen falschen Offenbarungen und Erscheinungen geglaubt und sie angenommen hätten.

Er hätte als solche, die vom Teufel betrogen wurden, bald Betrüger aus uns gemacht. Zum Beispiel haben sie uns gesagt, wir würden den Heiligen Geist bekommen, dann das Evangelium in Deutschland verkündigen; wir würden Kranke heilen, Teufel austreiben und Krankenanstalten bauen – da haben wir nicht geahnt, dass Gott uns zu dem brauchen werde, aber es waren doch Satansengel, die uns unter ihren Einfluss bringen und uns irre leiten wollten.

O wie viele, viele lassen sich narren und kommen dann auf Irrwege und werden Werkzeuge falscher Geister. Das hat uns gelehrt, dass man alles, was nicht haarscharf mit dem Wort Gottes übereinstimmt, abweist und nicht aufnimmt. Wo liest man in der Bibel, dass Leute, über die der Geist Gottes kam, auf den Rücken gefallen sind, ihre Gestalt verzerrten, zitterten, sich ungebärdig stellten?

Sie können sehen, welche Verantwortung Sie auf sich laden, wenn Dinge in die Bewegung hineinkommen, die nicht mehr schriftgemäß, nüchtern und echt sind. Es braucht nicht einmal viel Falsches, Unbiblisches, Unnüchternes hereinkommen, ‚ein wenig Sauerteig durchsäuert bald den ganzen Teig‘, sagt die Schrift. Verzückungen, Offenbarungen, Erscheinungen sind bei uns so billig wie Brombeeren, und es würde noch viel mehr solche geben, wenn wir etwas darauf geben und diese Dinge nicht bekämpfen würden. – Ich hoffe, Sie werden bald erkennen, dass es ein Stück wahrer Bruderliebe ist, wenn man auf Gefahren hinweist, die man aus tausendfacher Erfahrung kennengelernt hat.

In wahrer Bruderliebe Ihr im Herrn verbundener Johannes Seitz.‘‘[cxlv]

Weitere Wortmeldungen aus Gnadau und den Freien Gemeinden

Nach den Kasseler Ereignissen meldeten sich auch kritische Stimmen aus den Freien ev. Gemeinden, in denen schon vorher leidvolle Erfahrungen mit schwärmerischen Bewegungen gemacht wurden.

Otto Schopf[126] veröffentlichte sechs Wochen nach Kassel seine Schrift „Zur Casseler Bewegung". Sie wurde auch im viel gelesenen „Evangelischen Allianzblatt" veröffentlicht.[cxlvi]

Ihm folgte der damals sehr bekannte Gemeinschafts-prediger und Judenchrist Johannes Rubanowitsch aus Hamburg.[cxlvii] Er hatte sich schon frühzeitig in seinem eigenen Blatt von Kassel distanziert.

Johannes Seitz schrieb einen weiteren warnenden Beitrag im „Evangelischen Allianzblatt" unter dem Titel „Wachet-betet-prüfet!" Hier schreibt er u.a.: „Darum ist es ein großer, sehr strafbarer Leichtsinn, wenn man geistige Bewegungen auch dann noch vertritt und sie verbreiten hilft, wenn man es mit Händen greifen kann, dass man es mit einer Mischung von Göttlichem, Menschlichem, Dämonischen und Fragwürdigen zu tun hat."[cxlviii]

Neben dem jetzt auf Distanz gegangen „Evangelischen Allianzblatt" standen „Philadelphia", das Blatt der Altpietisten, und „Licht und Leben"[127] der Zungenbewegung ablehnend gegenüber.[cxlix]

Der Widerruf von Heinrich Dallmayer

Eines der wichtigsten Ereignisse im Kampf gegen die Schwärmerei, war der öffentliche Widerruf des Organisators der

---

[126] Prediger der Freien Evangelischen Gemeinde in Witten und Zeuge der Ereignisse in Kassel.

[127] Dieses von dem Evangelisten Pastor Julius Dammann (1840-1908) gegründete Blatt war fast 100 Jahre eine der wichtigsten und einflussreichsten pietistischen Zeitschriften.

Veranstaltung in Kassel, des Evangelisten Heinrich Dall-mayer.

Dallmayer war mit der Zungenbewegung aufs Engste verbunden. Er hatte in Hamburg die sogenannte Geistestaufe bekommen. Danach hatte er die norwegischen Prophetinnen nach Kassel geholt. Aber schon während der Veranstaltungen in Kassel kamen ihm starke Zweifel, ob es wirklich Gottes Geist sei, der derartige Unordnung in den Versammlungen hervorrufe. Diese Frage quälte ihn nach dem beschämenden Ende der Kasseler Tage immer mehr.

Auf der Blankenburger Konferenz 1907 erlebte er dann durch ein Gespräch mit Elias Schrenk die entscheidende Wende. Schrenk sagte ihm: „Wenn die Träger der neuen Bewegung sich vom Heiligen Geist, der in der Gemeinde wohnt, (etwas korrigierend)[128] sagen lassen, so wird die Aufgabe gelöst werden." Mit einem Mal war Dallmayer klar: „Niemals lässt der Geist dieser Bewegung es zu, dass wir uns sagen lassen von dem Geist, der in der gläubigen Gemeinde wohnt."

Dennoch ging Dallmayer durch weitere Wochen innerer Kämpfe. Immer wieder hatte er Angst, sich am Heiligen Geist zu versündigen, wenn er sich von der Bewegung lossagte. Ein Gespräch mit Johannes Seitz gab ihn dann den letzten Mut zum schriftlichen Widerruf.[cl]

Im Oktober 1906 gab Dallmayer folgende schriftliche Erklärung ab:

„Durch die Barmherzigkeit Gottes bin ich nach mehr-wöchigen inneren Kämpfen zu der Erkenntnis ge-kommen, dass der treibende Geist in der Los-Angeles-Bewegung nicht der Geist Gottes, sondern ein Lügen-geist ist.

---

[128] Einfügung zum besseren Verständnis vom Autor.

1. Ich bin schuldig, mich darüber zu beugen, dass ich dem Geist der Zungenredner gegenüber nicht von vornherein die rechte Wachsamkeit besaß und dass ich aus diesem Grund nicht prüfte.

   Da ich durch christliche Zeitschriften und durch Zeugen der Bewegung dahin informiert worden war, dass der Geist der Zungenredner in Los Angeles und Norwegen der biblische sei, ließ ich ihn in Hamburg, ohne weiter zu prüfen, einfach auf mich wirken.

2. Dieser Geist hat in Zungenreden, Prophetie, Weissagung, in Träumen und Gesichten sich längst als Lügengeist offenbart, ob er sich als Gottes Geist ausgibt und mit Bibelsprüchen einführt.

3. Nachdem ich selbst durch Beugung vor Gott diesem Geist entsagt habe, bitte ich alle Seelen, sich dem Einfluss des Geistes gänzlich zu entziehen. Solche, wenn von ihm als Werkzeuge benutzt werden, müssen ihm den Gehorsam verweigern und sich durch Jesu Blut reinigen lassen. Falls sie nicht alsbald frei werden, so tun sie gut, die Fürbitte und Seelenpflege eines erfahrenen Bruders zu suchen. Keiner sollte sich diesem Geist mehr unterordnen.

4. Diejenigen, die durch diesen Geist veranlasst wurden, Segnungen bei Jesus zu suchen, dürfen diese Segnungen mit mir im Glauben festhalten. Durch den Geist dieser Bewegung sind viele aufrichtige Seelen zu Christo getrieben worden, wie die Pharisäer jene Frau in Johannes 8 zu Jesus führten.

5. Diejenigen, welche auf diese Erklärung hin noch nicht bereit sind, dem Geist zu entsagen, bitte ich, das Büchlein ‚In kritischer Stunde‘ zu lesen.

   Die von mir erschienenen Schriften ziehe ich, soweit sie Bezug auf die Bewegung haben, aus dem Buchhandel zurück.“[cli]

Durch diesen Widerruf, der in verschiedenen christlichen Zeitschriften veröffentlicht wurde, kam die Zungenbewegung vorerst im westlichen Deutschland zum Stillstand. Viele Anhänger der enthusiastischen Bewegung waren verwirrt.

Sehr zurückhaltend nahmen die pfingstlerischen Gemeinschaftsführer des Ostens, Paul, Edel und Regehly, die Erklärung auf. Auch ihnen war klar, wie sie später immer wieder zugaben, dass auch „menschliches und dämonisches"[129] in der von ihnen geführten Bewegung mitschwang. Da sie den Geist der Pfingstbewegung aber in seinen Hauptwirkungen als Gottes Geist anerkannten, konnten und wollten sie nicht zurück.

---

[129] So wörtlich in der „Mülheimer Erklärung" von 1909, der Reaktion der Pfingstler auf die Berliner Erklärung.

7. Versuche, die Einheit der Gemeinschaftsbewegung aufrechtzuerhalten

Die nächsten zwei Jahre waren von dem Versuch geprägt, die Gemeinschaftsbewegung trotz der schwarmgeistigen Infiltration zusammenzuhalten.

Die Kompromisstagung von Barmen
Ein erster Versuch zur Klärung war eine Konferenz vom 19.-20. Dezember 1907. Theodor Haarbeck und Elias Schrenk hatten die dreißig führenden Vertreter der Pfingstbewegung und ihrer Gegner nach Barmen eingeladen.

Im Laufe der Veranstaltung zeichnete sich die Bildung von drei Fraktionen ab, die die Auseinandersetzung der nächsten vier Jahre prägen würden:

- Die Gegner der Pfingstbewegung, voran Johannes Seitz, Elias Schrenk, Walter Michaelis und General von Viebahn.
- Die Pfingstler mit ihren Leitern Pastor Jonathan Paul und Eugen Edel.
- Als dritte Gruppe die Neutralen mit Pastor Ernst Modersohn und Pastor Theophil Krawielitzki.

Die Gegner der Pfingstbewegung nannten den Geist der neuen Bewegung einen Lügengeist. Für sie stand fest: In der Pfingstbewegung ist fast „alles falsch und dämonisch".

Die Vertreter der Pfingstbewegung, die damals noch voll in der Gemeinschaftsbewegung integriert waren, bedauerten zwar negative Begleiterscheinungen verschiedener Veranstaltungen, sagten aber, dass die Bewegung „zum größten Teil göttlich" sei.

Die Neutralen vertraten den Standpunkt, dass man vor einer Entscheidung „erst einmal abwarten" müsse.

Die Auseinandersetzungen in Barmen waren sehr hart. Während der Konferenz kam es mehrere Male fast zum Eklat. Die Diskussionen entwickelten sich so, dass Pastor Paul aus der Gemeinschaft ausgeschlossen werden sollte. Daraufhin stand Ernst Modersohn auf und sagte: „Ich erkläre mich mit Bruder Paul solidarisch."

Als die Versammlung das Lied „Herz und Herz vereint zusammen" anstimmte, brach Walter Michaelis das Lied nach der ersten Strophe ab und erklärte, dass er nicht in der Lage sei, dieses Lied gemeinsam mit Pastor Paul, dem man den Vorwurf gemacht hatte, einen fremden Geist zu haben, zu singen.

Dennoch kam es am Ende der Verhandlungen zu einer Kompromisserklärung, die so weit gefasst war, dass jeder bei seiner Erkenntnis bleiben konnte. Man hoffte damit, die Einheit der Gemeinschaftsbewegung gerettet zu haben. Der Kompromiss führte aber dazu, dass die Pfingstler die Freiheit jetzt nutzen konnten, ihre Gedanken weiter in den Gemeinschaften zu propagieren und weiter Menschen zu sich herüberzuziehen. Die nüchternen Gemeinschaftsvertreter aber konnten sich aufgrund der Einigungserklärung kaum gegen die Schwärmerei wehren. Man vereinbarte nämlich auch, auf öffentliche Auseinandersetzungen vor allem in den christlichen Zeitschriften zu verzichten. Dieses Stillschweigeabkommen öffnete der Pfingstbewegung den Weg in eine größere Akzeptanz. Sie konnten tun, was sie wollten, aber niemand durfte öffentlich widersprechen.

Walter Michaels schrieb später rückblickend auf die Kompromisstagung: „Sie gereichte uns nicht zum Ruhm, weil eine Klärung nicht erreicht wurde, sondern nur Burgfrieden beschlossen wurde, den die andere Seite aber bald durchbrach. Sie konnte aber auch nicht anders, wenn sie von der Göttlichkeit ihrer Sache überzeugt war."[clii]

Gnadau hält sich an den Burgfrieden

Die nächsten anderthalb Jahre waren beherrscht vom Versuch, die Gemeinschaftsbewegung trotz der eingedrungen Schwärmerei zusammenzuhalten. Rückblickend waren es vergebliche Versuche, die nur der Ausbreitung der Pfingstbewegung dienten.

Auch die theologisch arbeitenden nächsten Gnadauer Hauptkonferenzen, damals noch Pfingstkonferenzen genannt, brachten nicht weiter. Sie fanden vom 9.-11. Juni 1908 und vom 1.-3. Juni 1909 statt. Das heiße Eisen Pfingstbewegung wurde nicht angefasst.[cliii] Da in dieser Zeit auch noch Auseinandersetzungen um die Allversöhnungslehre[130] und die Lehre von einer besonderen Auswahlgemeinde[131] die Gemeinschaftsbewegung beschäftigten, war man theologisch gelähmt. Die Pfingstbewegung etablierte sich in dieser Zeit auf Kosten der Gemeinschaftsbewegung immer mehr. Die Leitung des Gnadauer Verbandes[132] war weder willens noch in der Lage, die schwarmgeistige Krise, die sich im Wesentlichen in ihren Reihen ereignete, zu überwinden.[cliv]

Einzelne Versuche, über Schriften aufzuklärend zu wirken

Durch Veröffentlichungen versuchten einige Kritiker der Pfingstbewegung Aufklärung in das geistliche Durcheinander zu bringen. Sie setzten dabei, je nach theologischer Sicht und Erfahrung, unterschiedliche Schwerpunkte. Allen gemein ist, dass sie in der Zungenbewegung dämonische Einflüsse zu

---

[130] Prof. Ernst Ferdinand Ströter (1846-1922) war der eifrigste Befürworter der besonders im schwäbischen Pietismus vertretenen Allversöhnungslehre. Sie spielte in der theologischen Selbstfindung der Gemeinschaftsbewegung eine gewisse Rolle.

[131] Eine Lehre, die besonders durch Otto Stockmayer gefördert wurde.

[132] Es muss erhebliche Meinungsunterschiede im Vorstand des Gnadauer Verbandes gegeben haben, da der Vorsitzende Walter Michaels und der Gnadauer Sekretär Leopold Wittekindt Gegner der Pfingstbewegung waren. Sie gehörten zu den Erstunterzeichnern der „Berliner Erklärung".

erkennen meinen. Selbst der ansonsten mit derartigen Aussagen zurückhaltende Dr. Theodor Haarbeck konnte die Lage nicht mehr anders werten.

Johannes Rubanowitsch[133], Prediger der Hamburger Philadelphiagemeinschaft, veröffentlichte als erster eine Studie unter dem Titel „Das heutige Zungenreden". Er setzte in seiner Untersuchung allein die Aussagen der Bibel als Maßstab der Prüfung der Pfingstbewegung ein. Die Hauptaussage seiner Publikation ist, dass das Hinfallen beim Empfang des Heiligen Geistes in der Bibel keinen Beleg hat. Seine Schlussfolgerung war: „Der die Menschen umfallenmachende Geist muss ein fremder Geist sein."[clv]

Otto Schopf war in Kassel zeitweise anwesend. In seiner Schrift „Zur Cassler Bewegung" akzeptiert er grundsätzlich die Zungenrede als Gabe des Geistes, redet aber vom „Weh und Grauen", das er im Blick auf die Kasseler Veranstaltung nie mehr vergessen werde.[clvi]

Heinrich Dallmayer, das gebrannte Kind von Kassel, beurteilt in seiner Untersuchung die Zungenbewegung am härtesten. Er bezeichnet die Geistestaufe, das Zungenreden und die Visionen in der Pfingstbewegung als satanische Machenschaft eines dämonischen „Lügengeistes".

Theodor Haarbeck, der damalige Direktor der Evangelistenschule Johanneum, ist in seinem Urteil am mildesten, ohne damit aber die Pfingstbewegung zu rechtfertigen. Auch er sieht, dass in den Versammlungen der Pfingstler dämonische Einflüsse eine Rolle spielen. Seine Abhandlung zeigt auf, dass es vergleichbare Bewegungen in der Kirchengeschichte immer wieder gab.[134] Die teilweise ekstatischen

---

[133] 1865 als Jude geboren und später aktiv in die Auseinandersetzung um die Verbalinspiration auf der Tersteegensruh-Konferenz 1903.

[134] Er verweist auf die Montanisten (2.-3. Jahrhundert in der alten Kirche), Kamisarden (Mittelalter), Inspirierten (im alten Pietismus) und Irvingianer (Ausgangsgruppe der Katholisch-Apostolischen und der Neuapostolischen Kirche).

Phänomene und Krankenheilungen führt er größtenteils auf psychologische Mechanismen, das Unterbewusstsein der Betroffenen und „Suggestion und Autosuggestion" zurück.[clvii] Leider veröffentlichte Haarbeck seine Schrift erst 1910.

Die Weiterentwicklung der Pfingstbewegung in der Zeit des Burgfriedens

Die Pfingstbewegung breitete sich zwischen der Tagung in Barmen und dem August 1909 besonders im damaligen Ostdeutschland immer weiter aus. Im Windschatten des Stillhalteabkommens von Barmen verbreiteten die Mitglieder der Pfingstbewegung ihre Erkenntnisse in den Gemeinschaften und zogen immer mehr Gemeinschaftsleute zu sich herüber. Der große schlesische Gemeinschaftsverband war praktisch in einen pietistischen und einen pfingstlerischen Flügel gespalten.

Die Pfingstler nutzten die Zeit des Burgfriedens aber nicht nur dazu, in den Gemeinschaften ihre Lehre zu verbreiten, sondern auch, um sich organisatorisch zu festigen. Sicher würde man zu weit gehen, wenn man behauptete, dass sie die Spaltung bewusst gesucht haben. Aber durch ihre aggressive Unterwanderung der Gemeinschaften nahmen sie diese billigend in Kauf. Auch schafften die Pfingstler deutschlandweit eigene Strukturen, über die sie nach dem Tag der Trennung arbeiten konnten.

Die Pfingstkonferenz von Hamburg 1908

Eine solche Struktur formierte sich durch die Beschlüsse der Pfingstkonferenz im Dezember 1908 in Hamburg.

Die europaweite Pfingstkonferenz vom 8.-11. Dezember 1908 in Hamburg gab der Bewegung nicht nur Auftrieb, sondern auch Werkzeuge zum Aufbau einer Organisation. Es kamen führende Pfingstler zusammen, unter ihnen auch Barrath aus Norwegen, um die weltweite Pfingstbewegung zu stärken. Dies passierte zu einer Zeit, als die deutschen Pfingstler noch zum Gnadauer Verband gehörten.

In Hamburg wurde u.a. beschlossen, eine eigene Zeitschrift, „Pfingstgrüße", herauszugeben, deren Schriftleiter Jonathan Paul wurde. Wie in den USA die Pfingstler durch die Zeitschrift „The Apostolic Faith" zusammengehalten wurden, wurde nun auch ein Band zwischen den deutschen und den europäischen Anhängern der Pfingstbewegung geschaffen.[135]

Die erste Mülheimer Pfingstkonferenz

Vom 14.-16. Juli 1909 fand die erste Mülheimer Pfingstkonferenz statt. Diese Konferenz hatte bereits 1700 Besucher. Noch waren offizielle Vertreter der nichtpfingstlerischen Gemeinschaftsbewegung wie Heinrich Coerper (1863-1936)[136] und Theophiel Krawielitzki (1866-1942)[137] eingeladen.

Mit der 1. Mülheimer Pfingstkonferenz bekam die deutsche Pfingstbewegung, die ja noch ganz zum Gnadauer Verband gehörte, auch organisatorische Strukturen. Obwohl theologische Vorträge gehalten wurden, war die Atmosphäre der Veranstaltung typisch enthusiastisch aufgeheizt. Die Pfingstler wussten, wie stark sie waren. Einen Schwerpunkt bildeten öffentliche Heilungsveranstaltungen, an denen Jonathan Paul aktiv beteiligt war.[138]

---

[135] Nr. 1 der „Pfingstgrüße" erschien im Februar 1909.

[136] Gründer der Liebenzeller Mission.

[137] Beide gehörten zur neutralen Gruppe im Gnadauer Verband, denen an der Einheit mit den Pfingstlern gelegen war.

[138] Pastor Paul ließ auf dieser Konferenz alle Kranken in 15er Gruppen nach vorne kommen, legte ihnen die Hände auf und salbte sie (S.Holthaus, „Die Berliner Erklärung – Vorgeschichte und Zustandekommen", Hammerbrücke, 2006, S. 15)

8. Wie es zur „Berliner Erklärung" kam

Seit dem Auftauchen der ersten beiden Zungenrednerinnen in Hamburg hatte sich die Pfingstbewegung mit ihren Irrlehren und angeblichen Geistesgaben immer weiter ausgebreitet. Dieses Wachstum geschah im Wesentlichen durch Unterwanderung und Übernahme bestehender Gemeinschaften und durch das Herüberziehen einzelner gläubiger Christen ins pfingstlerische Lager. Heute benutzt man für dieses fragwürde Gemeindewachstumskonzept gern die beschönigende Bezeichnung „Transferwachstum".

Weder der Gnadauer Verband noch die einzelnen Glaubenswerke oder Gemeinschaftsverbände konnten sich zu einer eindeutigen Abgrenzung gegen die immer aggressiver abwerbenden Schwärmer durchringen. Diese Situation machte vielen Verantwortlichen in den Gemeinschaften und der Evangelischen Allianz große Sorgen. So kam es im Frühjahr 1909 zu einer Begegnung von kirchengeschichtlicher Bedeutung.

Ein alter General stellt die entscheidende Frage
Die Sorge um die Zukunft der Gemeinschaftsbewegung quälte die geistlich Verantwortlichen immer mehr.

Der Evangelist General a.D. Georg von Viebahn (1840-1915)[139] traf im April 1909 mit Präses Walter Michaelis in Bielefeld zusammen. Beide waren bereits Teilnehmer der Kompromissgespräche von 1907 in Barmen gewesen. Von

---

[139] Von der Brüderbewegung geprägter Evangelist. Bis 1896 aktiver Soldat. Schwerpunkt Soldatenmission. Er gab eine wöchentliche Verteilschrift „Zeugnis eines alten Soldaten an seine Kameraden" und die Vierteljahreszeitschrift für Offiziere „Schwert und Schild" heraus.

Viebahn gehörte schon zu den geladenen Teilnehmer der ersten Gnadauer Konferenz 1888.[clviii] Auch zählte General von Viebahn zu den profilierten Biblizisten innerhalb der Evangelischen Allianz. 1903 war er einer der Unterzeichner der Erklärung zur göttlichen Inspiration und Autorität sämtlicher biblischer Bücher, die sich gegen liberale Tendenzen in der Gemeinschaftsbewegung wehrte.[clix] Von 1897-1913 war er einer der prägendsten Prediger auf der Blankenburger Konferenz.[clx]

Von Viebahn stellte Michaelis die endscheidende Frage: „Dürfen wir es länger mitansehen, dass immer mehr Geschwister in die unheilvolle Bewegung gezogen werden?"[clxi] Daraufhin kam es zur Einladung an Johannes Seitz, Otto Stockmayer und Pastor Leopold Wittekind (1854-1923)[140]. Anfang August traf man sich zu einer mehrtägigen Arbeitsbesprechung, wo diese Fünf eine vorläufige Stellungnahme erarbeiten.[clxii]

Die vorläufige Erklärung wird einem größeren Kreis zur Prüfung vorgelegt

Nachdem der Text einem noch größeren Kreis zur Begutachtung vorgelegt wurde, erging an sechzig der bekanntesten Vertreter aus Gemeinschaftsbewegung und Freikirchen die Einladung zu einer freien Konferenz.

Bereits in der ausführlichen Einladung wurde klar gemacht, dass es bei der Zusammenkunft um die Abgabe einer Stellungnahme zur Abgrenzung gegenüber der Zungenbewegung gehen würde.[clxiii]

Die freie Konferenz in Berlin

Am 15. September 1909 kam man in Berlin zusammen. Nach neunzehnstündiger Beratung und einigen Abänderungen,

---

[140] Pastor Wittekind war Generalsekretär des Gnadauer Verbandes.

wurde der Text beschlossen und durch die Unterschriften von 56 Teilnehmern legitimiert. Nur vier der anwesenden Brüder, unter ihnen Graf Pückler, unterzeichneten nicht. Seither ist diese Stellungnahme unter der Bezeichnung „Berliner Erklärung" bekannt. Später schlossen sich weitere führende Persönlichkeiten und ganze Gemeinden und Gemeindebünde dieser Erklärung an.

Zu den Unterzeichnern gehörten neben bekannten freien Evangelisten und führenden Männern der Gemeinschaftsbewegung auch bekannte freikirchliche und kirchliche Vertreter der Erweckungsbewegung.

Unter ihnen waren: Heinz Köhler, Leiter der damals noch in Berlin ansässigen brüdergemeindlich orientierten Bibelschule, die heute in Wiedenest ist; Missionsdirektor Mascher von der Baptistenmission; Otto Schopf von den Freien Evangelischen Gemeinden; Superintendent Schütz von der Methodistenkirche; Freiherr von Tümmler, Vorsitzender der Blankenburger Allianzkonferenz; und Eberhard von Rothkirch, der missionarische Berliner CVJM-Leiter.[clxiv]

Die Hauptfeststellungen der Berliner Erklärung
In den sechs Punkten der Erklärung wird eine klare Abgrenzung von der falsche Lehre und dem dahinterstehenden falschen Geist der Zungenbewegung gegeben. Gleichzeitig wird vor der Zusammenarbeit mit der Pfingstbewegung gewarnt. Die Mitglieder und Führer der Pfingstbewegung werden zwar weiter als Gläubige akzeptiert, in deren Kreisen es durchaus geistliche Früchte geben kann, diese Früchte kommen aber nicht wegen, sondern trotz der Pfingstbewegung zustande.

Hauptaussage der Berliner Erklärung ist: „**Die sogenannte Pfingstbewegung ist nicht von oben, sondern von unten**; sie hat viele Erscheinungen mit dem Spiritismus gemein." (Punkt 1.a der Berliner Erklärung).

Der Inhalt der einzelnen Punkte der „Berliner Erklärung" besagt zusammengefasst:

1. Der Ursprung der Pfingstbewegung ist von unten:
Los Angeles – Christiana – Hamburg – Kassel – Großalmarode gehören zusammen. Dies musste damals gesagt werden, da sich die Pfingstler von den Anstoß erregenden Begleiterscheinungen in Kassel absetzen wollten.

In dieser Bewegung wirken Dämonen.

Sogenannte Geistesgaben haben sich teilweise als Besessenheiten entpuppt.

Die Gaben der Pfingstbewegung[141] finden sich auch in Sekten und im Spiritismus. Sogenannte Botschaften verdrängen oft Gottes Wort und machen teilweise abhängig.

2. Der in der Bewegung wirkende Geist ist nicht von Gott:
Wenn es in den pfingstlerischen Versammlungen geistliche Früchte gibt, kommen sie nicht von diesem dort vorherrschenden Geist, sondern aus der im Wort inne wohnenden Kraft.

3. Als Gemeinde haben wir Grund zur Beugung:
Die Gemeinden tragen Mitschuld am Aufkommen dieser Bewegung. Die Ursache für ihren Erfolg waren ein Mangel an biblischer Nüchternheit und Erkenntnis in den Gemeinden sowie menschliche Selbstüberschätzung.

4. Die unbiblische Irrlehre vom „reinen Herzen" hat der Bewegung die Tür geöffnet:
Diese in den Gemeinschaften verbreitete Lehre widerspricht der Heiligen Schrift.

---

[141] Bei den Irvingianer, der Vorstufe der Neuapostolischen Kirche, traten sogenannte Propheten und Zungenredner schon 90 Jahre vor der Pfingstbewegung auf.

Der Widerlegung dieser Irrlehre wird in Punkt vier breiter Raum gegeben.

5. Pastor Jonathan Paul kann nicht mehr als Lehrer der Gemeinde akzeptiert werden:

Er ist der Hauptvertreter der Irrlehre vom „reinen Herzen" und der Führer der deutschen Pfingstbewegung. Trotz vieler Gespräche wurde immer klarer, dass er und seine Anhänger unbelehrbar sind und die Zusammenarbeit mit ihm nicht weiter beibehalten werden kann. Ihn selbst befiehlt man der „zurechtbringenden Gnade Gottes" an.

6. Es gab nur ein Pfingsten:

„Wir warten auf kein neues Pfingsten, sondern auf den wiederkommenden Herrn."

Der Geist ist und bleibt in der Gemeinde. Dennoch bedarf die Gemeinde der Gnadenheimsuchungen des Heiligen Geistes.

Jeder Einzelne soll danach trachten, voll Heiligen Geistes zu werden.

Die Gläubigen sollen sich von dieser Pfingstbewegung fern halten.

Wer unter den Einfluss des falschen Geistes gekommen ist, soll sich lossagen und Gott um Vergebung bitten.

Am Ende des sechsten Punktes wird die Hoffnung ausgedrückt, dass der Herr die in den letzten Jahrzehnten geschenkte Erweckung in Deutschland „zu seinem herrlichen und gottgewollten Ziel durchführen" wird.[clxv]

Hätte es die „Berliner Erklärung" nicht gegeben, so hätte der in der Pfingstbewegung wirksame Geist sicher die Macht in der damaligen Erweckungsbewegung übernommen. Die pietistische Gemeinschaftsbewegung wäre sicher bis auf wenige altpietistische Gruppen in ihr aufgegangen. Durch die

„Berliner Erklärung" hat sich aber die nüchterne Lehre über lange Zeit unter den Evangelikalen behauptet. Auch deshalb hat Deutschland, anders als andere Länder, lange keine starke und öffentlich akzeptierte Pfingstbewegung gekannt.

9. Die weitere Entwicklung nach der „Berliner Erklärung"

Das Aufkommen der Pfingstbewegung machte die entstandene innere Spaltung in die deutsche Erweckungsbewegung und hier besonders der Gnadauer Gemeinschaftsbewegung offensichtlich.

Nicht die „Berliner Erklärung" hat die Gemeinde Jesu gespalten, sondern die Spaltung ist durch den Geist der Pfingstbewegung offenbar geworden.[142]

Auf der einen Seite standen die normalen Christen, die „nur" bekehrt und wiedergeboren waren. Das Fundament ihres Glaubens war ihre lebendige Hoffnung auf das Blut Jesu. Sie standen auf dem Fundament der Reformation und ihrer Erkenntnis der Rechtfertigungslehre[143], der schon die alten Pietisten ihr Zeugnis gaben.

Auf der anderen Seite waren die, die nach ihrer eigenen Überzeugung „auf einem höheren Stand" gekommen waren (Finneys Definition). Kraft der von ihnen erlebten „Geistestaufe", was immer das auch sein mag, waren sie mit außergewöhnlichen Gaben, meist Offenbarungsgaben, Wundergaben oder der Gabe des Zungenredens, ausgerüstet. Durch die Innewohnung des „neuen Adams" (P. Paul), meinten sie, ihre sündige Natur verloren zu haben. Diese Sicht hatte sich in den Jahrzehnten pietistischer Offenheit für eine überzogene Heiligungslehre entwickelt, ist aber durch die aufgekommene Pfingstbewegung eskaliert.

---

[142] Die weitere Geschichte zeigte, dass der Spaltgeist ein typisches Kennzeichen der Pfingstbewegung ist, sowohl in Deutschland wie in der ganzen Welt. Die Zahl der Spaltungen der Pfingstbewegung ist nicht mehr überschaubar.

[143] Gott macht Menschen heilig und selig, dadurch dass ihnen die Gerechtigkeit Jesu geschenkt wird (2Kor 5,21).

Die „Berliner Erklärung" zog aus der vorhandenen inneren Spaltung die biblisch geforderte Konsequenz, nämlich äußere Trennung von diesen Schwärmern: *„Einen ketzerischen Menschen meide, wenn er einmal und abermals ermahnt ist"* (Tit 3,18).

In der „Berliner Erklärung" hatten die nüchternen, biblisch ausgerichteten Kräfte der Gemeinschaftsbewegung und dem mitbetroffenem Teil der Evangelischen Allianz die Konsequenzen gezogen. Das bedeutete aber Scheidung. Eine schmerzhafte Scheidung, die manchen schwer wurde. Aber eine notwendige Scheidung.

Denn nur ein Geist konnte Gottes Geist sein. War es der Geist, der die Sünder unters Kreuz zu Jesus ruft, damit sie Vergebung fanden? Oder war es der Geist, der sich durch spektakuläre Zeichen und tumultartige Versammlungen offenbarte? War es der Geist, der die Überzeugung wachsen ließ, die menschliche „Sündennatur" nicht mehr zu haben?

Nach dieser Erklärung musste man sich entscheiden. Nachdem die Pfingstbewegung bereits eine innere Spaltung in „nur" Bekehrte und in Geistgetaufte proklamiert hatte, kam es jetzt zur äußeren Spaltung.

Den Initiatoren der „Berliner Erklärung" wurde oft vorgeworfen, sie hätten mit ihrem Schritt die Gemeinschaftsbewegung, den stärksten Flügel der damaligen Erweckungsbewegung in Deutschland, gespalten. Dies war nicht der Fall. Sie haben vielmehr die Gefahr des Aufgehens der Gemeinschaftsbewegung in die Pfingstbewegung verhindert.[clxvi]

9.1. Die weitere Entwicklung in der Gemeinschaftsbewegung

Der Gnadauer Verband als Dachverband der Gemeinschaftsbewegung tat sich mit der „Berliner Erklärung" oft recht schwer. Er selbst war zu uneinig gewesen, um der pfingstlerischen Unterwanderung zwischen 1907 und 1909 deutlich entgegenzutreten.[144] Die Schwäche des Gnadauer Verbandes führte dazu, dass sich eine freie Konferenz bilden musste, in der sich die Gnadauer Kritiker der Pfingstbewegung artikulieren konnten. In dieser Berliner Konferenz waren über 60 % der Teilnehmer Pietisten, die – teilweise in herausgehobener Verantwortung – zum Gnadauer Verband gehörten.[145]

Die Trennung setzt sich weitgehend durch

Schätzungsweise ein Drittel der Gemeinschaftsmitglieder[clxvii] schlossen sich außerkirchlichen Pfingstgruppen an. In Ostdeutschland waren es teilweise noch mehr. Es war eine Frage des Überlebens des deutschen Pietismus, dass sich die Gemeinschaftsverbände von den schwärmerischen Gruppen distanzierten und der „Berliner Erklärung" zustimmten.

Nachdem die „Berliner Erklärung" auf dem Tisch lag, sahen sich die Gemeinschaftsverbände und geistlichen Werke gefordert, Stellung zu beziehen.

Als erster Landesverband sagte sich am 17. September 1909 der Schlesische Gemeinschaftsverband von der Pfingstbewegung los. Da Pastor Paul, Pastor Regehly und Prediger Edel zum schlesischen Verband gehörten, war es ihnen gelungen, einen großen Teil der schlesischen Gemeinschaftsleute in die Pfingstbewegung zu ziehen. Um noch größeren Schaden zu vermeiden, wurde der sofortige Bruch nötig. Pastor Regehly schied aus dem Verbandsvorstand aus.[clxviii]

Dem Beispiel Schlesiens schlossen sich nach und nach der Großteil der Regionalverbände an.[146]

---

[144] Dies war am Anfang nicht anders als heute. Aus Rücksicht auf pfingstlerisch geprägte Geschwister in den eigenen Reihen und aus Nachsicht charismatisch geprägter Christen, mit denen man z.B. in der Kirche und Allianz wieder zusammenarbeitet, stellt man sich nicht (oder nicht mehr) zur Berliner Erklärung.

[145] z.B. Wittekindt, Michaelis u.a.

[146] Besonders die ostdeutschen, mitteldeutschen und norddeutschen Verbände, mit Ausnahme von Pommern.

Der „Jugendbund für entschiedenes Christentum EC" tat sich besonders schwer mit diesem Schritt. Pastor Paul war erster Vorsitzender des EC-Gesamtverbandes. Allerdings hatte EC-Generalsekretär Blecher die Berliner Erklärung unterschrieben. Pastor Paul legte sein Amt nieder, und auf der Mitgliederversammlung vom 2.-5. Oktober 1909 wurde die Unvereinbarkeit von Diensten im EC bei gleichzeitiger Zugehörigkeit zur Pfingstbewegung beschlossen.[clxix]

Auch freie Werke wie Bibelschulen, Seminare und das Blaue Kreuz fassten vergleichbare Beschlüsse.[clxx]

Der Gnadauer Verband selbst fasste erst am 28. Januar 1910 einen Unvereinbarkeitsbeschluss.[clxxi]

Die Blankenburger Konferenz, die damals das bedeutendste Werk der Allianz in Deutschland war, hatte sich schon seit der Konferenz 1907[clxxii] mehr und mehr vom Einfluss der Pfingstbewegung gelöst. Ihr Vorsitzender, Freiherr von Tümmler, war Mitunterzeichner der „Berliner Erklärung". Nur Pastor Ernst Modersohn ging hier zeitweise einen anderen Weg.

Die deutlichsten Gegner der Pfingstbewegung waren Johannes Seitz und Bernhard Kühne. Sie setzten sich vor allem theologisch und seelsorgerlich mit dem Problem auseinander. Ihnen stand das „Evangelische Allianzblatt" als viel gelesene Zeitschrift zur Verfügung.

Spannungen und Probleme wegen der unklaren Haltung der Neutralen

Die „Berliner Erklärung" zog aber auch Auseinandersetzungen innerhalb der verbliebenen pietistischen Gemeinschaftsbewegung nach sich. Es formierten sich zwei Blöcke: die Gegner der Pfingstbewegung und die sogenannten Neutralen.

Die Neutralen erkannten zwar auch die Fehlentwicklungen und Irrlehren der Pfingstbewegung, betrachteten aber die Pfingstler in erster Line als Glaubensgeschwister, die zur

Gemeinschaftsbewegung gehörten und Teil der Gemeinschaftsbewegung bleiben sollten. Ohne es zu wollen, leisteten die Neutralen damit der Strategie der Pfingstbewegung indirekten Vorschub.

Zu den Neutralen gehörten bekannte Einzelpersönlichkeiten, aber auch ganze Gemeinschaftsverbände und Glaubenswerke. Die wichtigsten waren die Gemeinschaftsverbände der Provinzen Posen und Westpreußen, die Süddeutsche Vereinigung, der Thüringer Gemeinschaftsbund, die Deutsche Zeltmission, Jakob Vetter, Pastor Modersohn und Pastor Krawielitzki mit dem ihn unterstehenden Gemeinschaftsdiakonissenhäusern.

In Pommern, Westpreußen und Posen tat man sich besonders schwer. Die Trennung wurde teilweise erst 1911 vollzogen. Dies führte dazu, dass die Pfingstbewegung weiter in den Gemeinschaften arbeitete und viele Gemeinschaftsleute zu ihrer Schwärmerei herüberzog. Die von Heinrich Coerper gegründete Süddeutsche Vereinigung für Evangelisation und Gemeinschaftspflege sowie Jakob Vetter mit der Deutschen Zeltmission lehnten ebenfalls lange eine Distanzierung von der Pfingstbewegung ab.

Die „Vandsburger Erklärung" und die Auflösung der Gruppe der Neutralen

Die Neutralen hofften, die Spaltung rückgängig machen zu können. Ihre größte Aktion waren Gespräche zwischen den Verantwortlichen ihrer Gruppe und der Führung der Pfingstbewegung im Herbst 1910.

Die Gespräche fanden im Zentrum der Deutschen Zeltmission „Patmos" bei Siegen statt. Später setzte man sie bei Pfarrer Krawielitzki in Vandsburg fort. Das Ergebnis war die „Vandsburger Erklärung", eine Stellungnahme der Führung der Pfingstbewegung[147], die auf eine gewisse Einsicht hoffen ließ. In der Erklärung rückt die Pfingstbewegung aber an keiner Stelle von ihrer theologischen Sicht ab. Allerdings enthält sie die Anerkennung vieler unbrüderlicher Akte, die von Seiten der Pfingstler begangen wurden. Sie gestanden zu, dass einige ihrer Anhänger den Gemeinschaftsleuten „die Innewohnung des Heiligen Geistes abgesprochen haben". Sie gaben zu, dass sich viele Pfingstler über die anderen Christen erhoben haben und meinten sich „nichts sagen lassen zu müssen", da sie ja geistlich weiter wären als ihre Kritiker. Sie gestanden ein, dass sich etliche „Heimlichkeiten, Unlauterkeiten und große Verkehrtheiten (hatten) zuschulden kommen lassen". Es heißt in der Erklärung weiter: „Solche Vorkommnisse sind uns ein tiefer Schmerz, und wir bekennen unsere Mitschuld daran. Wir haben deswegen zumal auf den letzten Konferenzen und auch in den Pfingstgrüßen entsprechende Zurechtweisungen zu geben versucht." Unterschrieben war die Erklärung von der gesamten Führung der Pfingstbewegung.[clxxiii]

Ohne sich mit der Pfingstbewegung voll zu solidarisieren, gab es eine dankbare Reaktion der Neutralen, die die Überwindung der Spaltung näherkommen sahen.[148]

Pfingstbewegung und Neutrale trafen in Vandsburg auch ein Abkommen über die Abgrenzung der Arbeitsgebiete, was weitere Auseinandersetzungen vermeiden sollte. Außerdem boten die Neutralen weitere Gespräche an.

Die „Vandsburger Erklärung" hatte zur Folge, dass Pastor Paul von noch radikaleren Kräften in der Pfingstbewegung allerlei Verdächtigungen ausgesetzt war. Um seine Anhänger zu beruhigen, gab er folgende Zusatzerklärung ab: „Wahrscheinlich infolge der Konferenzen von Patmos und Vands-

---

[147] Unter ihnen Pastor Paul, Eugen Edel, Prediger Friemel, Prediger Humburg, Pfarrer Regehly.

[148] Diese Reaktion nennen die Neutralen die „Vandsburger Kundmachung".

burg hat man das Gerücht verbreitet, dass ich mich von der Pfingstbewegung zurückgezogen und meine Heiligungslehre widerrufen habe. Beides ist nicht der Fall. Zur Vermeidung von Beunruhigungen möchte ich dies ausdrücklich mitteilen."[clxxiv]

Die Gnadauer Gegner der Pfingstbewegung erkannten der „Vandsburger Erklärung" keine Berechtigung zu. Sie misstrauten den Zusagen der Pfingstler, und Elias Schrenk wies darauf hin, dass sich die Pfingstbewegung nur von bösen Randerscheinungen, aber nicht von der „bösen Quelle" distanziert habe.[clxxv] Die weitere Entwicklung gab ihm und den anderen Gegnern der Pfingstbewegung recht[149], denn ganz besonders in den Ostprovinzen hielten sich die Zungenredner nicht an die Abmachung über die Aufteilung der Arbeitsgebiete. Paul bekannte sich in seiner Zusatzerklärung, ausdrücklich zu seiner Heiligungslehre. Ja, er nennt sie sogar eigens „Heiligungslehre", obwohl sie in den theologischen Auseinandersetzungen von der Pfingstbewegung, deren Führer er war, immer nur als persönliches Zeugnis bezeichnet wurde.

Aufgrund dieser Realitäten gaben immer mehr Neutrale ihre Offenheit der Pfingstbewegung gegenüber auf. Pastor Ernst Modersohn[150] erlebte während seiner Evangelisationsreise die Probleme mit der Pfingstbewegung und die seelsorgerlichen Schäden, die sie anrichtete. Deshalb wechselte auch er ins Lager der Gegner: „Ich kann die Dinge nicht für Auswüchse der Bewegung ansehen, sondern muss sie vielmehr für Früchte halten, nach denen der Baum zu beurteilen ist. So konnte ich nicht anders, als ein Gegner der Bewegung zu werden."[clxxvi]

---

[149] Heinrich Dallmayer redete von dem Geist der Pfingstbewegung immer als einem Lügengeist.

[150] Modersohn war persönlich mit Pastor Paul befreundet. Paul war der wichtigste Evangelist während der Erweckung in der Gemeinde in Mülheim, wo Modersohn Pfarrer war.

Die weiteren Entwicklungen und vergeblichen Bemühungen, mit den Pfingstlern übereinzukommen, veranlassten schlussendlich die Neutralen, ihre Haltung aufzugeben. Sie erklärten 1911: „Da leider unsere brüderlichen Absichten durch die Vandsburger Besprechung nicht erreicht werden konnten, sondern darauf eine zum Teil noch wildere Propaganda von der Pfingstseite mit all den schlimmen Ereignissen daraus erfolgt ist, treten wir hiermit von unserer Vandsburger Kundmachung zurück, lehnen die Pfingstbewegung ab und geben jede Arbeitsgemeinschaft mit den Vertretern derselben auf."[clxxvii]

Theologische Klärungen auf der Gnadauer Konferenz

Auf der 14. Gnadauer Pfingstkonferenz vom 17.-19. Mai 1910 in Wernigerode wurde endlich auch eine theologische Aufarbeitung der Ereignisse vorgenommen. Der nun schon fast 80-jährige Evangelist Elias Schrenk (geb. 1831) hielt das Hauptreferat mit dem Thema: „Das Bedürfnis der Gemeinde Gottes nach einer größeren Ausrüstung mit Geisteskraft und Bedingungen für eine schriftgemäße Befriedigung derselben."[clxxviii] Mit diesem Referat wurde die schon lange nötige Kurskorrektur in der Theologie der deutschen Gemeinschaftsbewegung vollzogen. Es war wichtig, dass diesen Dienst Schrenk als Pionier der Evangelisation in Deutschland vornahm. Dadurch wurde das Gute der theologischen Auseinandersetzungen der Zeit vor der Berliner Erklärung, nämlich das missionarische Anliegen, hochgehalten. Gleichzeitig wurde den unnüchternen Unterwanderungen eine Abfuhr erteilt. Mit seiner Bibelarbeit tat der greise Evangelist der Erweckungsbewegung noch einmal einen wichtigen Dienst.

Neben Elias Schrenk war es das Referat von Pfarrer Buddeberg aus Barmen, das den zweiten Schwerpunkt dieser entscheidenden Tagung festlegte. Sein Thema war: „Wo fängt die Schwärmerei an?"[clxxix]

Elias Schrenk stellte u.a. fest, „dass in der letzten Zeit in den deutschen Gemeinschaften zu viel Zeit und Kraft für die Heranbildung einer Elite verwand wurde, was dazu führte, dass fremde Lehren, wie die vom ‚reinen Herzen‘, in die Gemeinschaftsbewegung eingedrungen sind." Systematisch wiederlegte er die Irrlehren der letzten Jahre. Schrenk gestand nüchtern und selbstkritisch ein, dass auch er versagt habe, indem er der enthusiastischen Strömung nicht eindeutig genug widerstanden hatte. Er forderte, dass die Gemeinschaft in Zukunft wieder zur Betonung der Rechtfertigungslehre zurückfinden und über dem nicht verhinderten Eindringen der Sonderlehren Buße tun müsse.[151]

Schrenk arbeitete in seinem Vortrag sieben grundsätzliche biblische Gesichtspunkte heraus:

1. Kinder Gottes warten auf kein (neues) Pfingsten.
2. Als Kinder Gottes haben wir Geistesgaben, aber nicht in apostolischer Fülle.
3. Wir werten Zungenreden und Krankenheilung biblisch.
4. Die (notvollen) Ursachen unseres (unter den Christen) Geistesmangels sind:
   • fleischlicher Sinn,
   • die Unmündigkeit der Gemeinde,
   • Lehrverwirrung,
   • Zerrissenheit der Gemeinde.
5. Unsere nächsten Aufgaben (sind):
   • Buße,
   • Arbeit für gesunde Lehre,
   • unsere richtige Stellung zum Herrn,
   • unsere richtige Stellung zum Leib Christi.
6. Außerordentliche Geistesheimsuchungen (wurden erklärt und bewertet).

---

[151] Er selbst hatte ja in Kassel die Versammlungen anfangs noch unterstützt. Allerdings war er der Erste, der im August 1907 nach Kassel schrieb: „Es ist ein Geist von unten."

7. (Nur) Aller Knecht zu werden, befähigt zur größten Geistesausrüstung.[clxxx]

Pfarrer Buddeberg analysierte in seinem Vortrag den Schwarmgeist und zeigte deutlich auf, wie eine nüchterne Haltung diesem Geist gegenüber aussieht. Er stellte etliche Lehrsätze von grundlegender Bedeutung auf:

1. Die Schwärmerei ist eine satanische Versuchung, die die Kinder Gottes zum Glaubensübermut verleiten will (Beispiel ist die Versuchungsgeschichte Jesu).

2. Die Ursachen der Schwärmerei sind: mangelnder Wahrheitssinn und hochmütiger menschlicher Geist.

3. Der Schwärmerei liegt ein unpersönlicher, naturhafter Geistbegriff zugrunde.

4. Die Schwärmerei beginnt, wo man meint, Gottes Ordnungen für den Verkehr der Menschen mit Gott, nicht beachten zu müssen:

   a) Gott verkehrt mit uns durch sein Wort, die Schwärmer suchen ein „inneres Wort" z.B. durch die autoritären Aussagen des neuen Prophetentums.

   b) Gott will durch seinen Sohn mit uns verkehren, der Schwärmer löst den Geist von der Person Jesu.

   c) Der Schwärmer will das gottgeschaffene kreatürliche (menschlich-körperliche) hinter sich lassen und nur Geist sein.

   d) Gott stellt die Beziehung zwischen ihm und den Menschen durch die Rechtfertigung des Sünders her. Der Schwärmer macht die Rechtfertigung zu einer Anfangsstufe des Glaubens, die er hinter sich lässt.

   e) Die Begegnung zwischen Gott und dem Sünder geschieht für den Sünder in der Furcht des Herrn. Der Schwärmer übergeht diese Grenze in falscher Vertraulichkeit.

   f) Gott tut seinen Willen vornehmlich durch sein Wort kund. Der Schwärmer will nur mittelbar durch den Geist geleitet sein.

g) Gott verkehrt mit uns über den Glauben. Der Schwärmer will Visionen und Erfahrungen sehen und über-
schätzt die ekstatische Frömmigkeit.

h) Gott lässt unseren Glauben wachstümlich entfalten. Der
Schwärmer will sofort auf die Höhen z.B. der Sündlosigkeit.

i) Der Schwärmer überspringt die geschichtliche Entwicklung des Reiches Gottes. Er will das Reich eigenwillig
hier und jetzt in Vollendung aufrichten.[clxxxi]

9.2. Die weitere Entwicklung in der Pfingstbewegung

Auch die Pfingstbewegung zieht Konsequenzen aus der
Berliner Erklärung.

Organisatorische Konsequenzen

Die Pfingstbewegung reagierte schon auf der vom 28. September bis 1. Oktober 1909 durchgeführten zweiten Mülheimer Pfingstkonferenz mit dem Ausbau der eigenen
Struktur.

Seit der Pfingstkonferenz im Dezember 1908 und der
ersten Mülheimer Konferenz im Juli 1909, waren die Weichen
zur Gründung einer eigenen Organisation der deutschen
Pfingstbewegung gestellt. Die eigene Zeitschrift erschien seit
Februar 1909. Jetzt wurde beschlossen, die „Pfingstgrüße"
unter der Schriftleitung von Pastor Regehly[152] von nun an 14-
tägig erscheinen zu lassen. Weiter wurde beschlossen, für die
Pfingstgemeinden ein eigenes Liederbuch, den „Pfingst-
jubel"[153], herauszugegeben.[clxxxii]

Die Pfingstbewegung begann mit den offiziellen Gründungen von Pfingstgemeinschaften, die sich vom Gnadauer
Gesamtverband lossagten. Die Gemeindegründungen:

---

[152] Bis dahin erschienen sie zweimonatlich unter der Redaktion von Pastor
Paul. Um ihn zu entlasten, übernahm Pfarrer Regehly die Schriftleitung.

[153] Vorher war meist das Reichsliederbuch üblich.

- Pfarrer Regehly gründete die erste offizielle Pfingstgemeinschaft in Breslau, mit 150 Gemeindegliedern.[154]
- Eugen Edel gründete in Brieg eine Pfingstgemeinde, zu der fast alle ehemaligen Gemeinschaftsleute gehörten.
- Prediger Friemel weihte im April 1910 das erste Gemeinschaftshaus der Pfingstbewegung ein.
- In Hamburg versammelten sich die Pfingstler in der Strandmission bei Prediger Mayer.
- In Berlin entstand eine Pfingstgemeinde.

Das Zentrum der westdeutschen Pfingstbewegung wurde Mülheim.

In Oberschlesien ging der größte Teil der Gemeinschaft in die Pfingstbewegung über. In Posen und Westpreußen gab es ebenfalls schon 1910 selbstständige Pfingstgemeinden.

Vom 6.-10. Dezember 1909 fand in Breslau die erste ostdeutsche Pfingstkonferenz mit 500 Besuchern statt.

Die Reihen der deutschen Pfingstbewegung werden geschlossener

Den bei der zweiten Mülheimer Pfingstkonferenz anwesenden 2500 Besuchern wurde eine Erklärung zur persönlichen Unterschrift vorgelegt, in der es hieß:

„Ich erkläre nach gewissenhafter Erwägung,
- dass ich die Pfingstbewegung, als eine von Gott geschenkte anerkenne bzw. mich auch nach dem vollen Pfingstsegen mit den Geistesgaben ausstrecke;
- dass ich in Einmütigkeit des Geistes mit den versammelten Geschwistern nach Pfingstsegnungen ausschauen will, fern von allem Eigengesuch und Parteisucht."[clxxxiii]

---

[154] Die Gemeinschaft hieß „Bund für entschiedenes Christentum".

Diese Erklärung bereitete offizielle Mitgliedschaften in der Pfingstbewegung vor.

Die Pfingstbewegung antwortet mit der „Mülheimer Erklärung"

Schon 14 Tage nach der „Berliner Erklärung" wurde als Antwort die „Mülheimer Erklärung" abgegeben.

Man verteidigte darin die Notwendigkeit der Zungenrede und die anderen in der Bewegung aufgetretenen Phänomene.

Es war den Mülheimern klar, dass ein Hauptpunkt der „Berliner Erklärung" Pastor Pauls Irrlehre vom „reinen Herzen" betraf. Daraufhin behauptete man, gegen alle schriftlichen Belege, dass Jonathan Pauls Lehre vom „reinen Herzen" von den Berlinern missverstanden worden sei.[155] Hier waren die Stellungnahmen der Pfingstbewegung absolut widersprüchlich. In seiner Zusatzerklärung zur „Vandsburger Erklärung" nannte Paul noch ein Jahr später diese Lehre ausdrücklich „Heiligungslehre".

Allerdings gab man in der Mülheimer Erklärung zu, dass in der Pfingstbewegung durchaus auch Menschliches und sogar Dämonisches wirksam sei![clxxxiv] Insgesamt aber sei sie von Gott, „von oben, nicht von unten" gewirkt.[clxxxv]

Extreme treten bereits in der Anfangszeit auf

In der nun nicht mehr in der Gemeinschaftsbewegung integrierten deutschen Pfingstbewegung, nahmen schon bald extreme Auffälligkeiten und unbiblische Schwärmereien zu.

---

[155] Pastor Paul hatte schon 1904 behauptet, dass er tatsächlich nicht mehr gesündigt habe: „Es ist keine Befleckung, weder durch Gedanken noch durch Hinreißen des Temperaments seitdem bei mir stattgefunden; es ist weder bei Tag noch bei Nacht etwas Störendes zwischen dem Herrn und mir getreten. Ich lebe in der seligen Tatsache, dass Jesus mein neuer Adam ist, von dem ich alles erwarten darf ... Der sündliche Hang ist von mir genommen und stattdessen bin ich, wie es in 2. Petri 1,4 bezeugt ist, der göttlichen Natur teilhaftig geworden" (Pauls Zeitschrift „Heiligung" 1909, Nr.67., S.4 zitiert nach: Dieter Lange „Eine Bewegung bricht sich Bahn", Berlin 1979, S. 211).

Sie offenbarten, wie der Geist der Bewegung deren Anhänger abhängig machte und in die Irre führte.

So bekam ein junger Prediger durch prophetische Botschaft den Auftrag eine alte adlige Dame zu heiraten. Er tat es. Ebenso ein junger Beamter, den der Geist die Botschaft sagen ließ, eine alte verwachsene Person zu ehelichen.[clxxxvi]

Die Öffentlichkeit erregte aber besonders ein schlimmer Vorfall in Kattowitz, der damals durch die Presse ging. Die vierjährige Tochter eines Oberlehrers war schwer erkrankt. Statt einen Arzt zu rufen, hatte die Botschaft der Zungenredner geheißen, dass der Herr das Kind gesund machen würde. 36 Stunden kämpfte das Kind mit dem Tod. Die Pfingstler rechneten mit einem Wunder, beteten und sangen in dieser Zeit. Als das Kind gestorben war, erklärte der Pfingstgeist, wieder durch Offenbarung, dass das Kind auferweckt werde. „Statt einer Beerdigung wird es eine Auferstehungsfeier geben." Deshalb ließ man das Mädchen nicht beerdigen. Es schlossen sich Tage neuer Auferwe-ckungsbotschaften der Propheten, nächtelanges Singen und Beten an. Nichts geschah. Zum Schluss musste die Beerdigung von den Behörden mit Polizeigewalt erzwungen werden.[clxxxvii]

Die Entgleisungen waren sicher nicht im Sinne der Leiter des Mülheimer Verbandes. Sie hatten ja selbst bemerkt, dass es in ihrer Bewegung dämonische Einflüsse gab.[156] Aber sie gaben einen Einblick in die innere Haltung vieler verblendeter Pfingstler, die sich in dieser Bewegung zusammengefunden hatten.

Die Pfingstbewegung ähnelte immer mehr den schwärmerischen Randbewegungen, die schon im Mittelalter, in der Reformationszeit und der Zeit des alten Pietismus die geistlichen Aufbrüche begleiteten. Nur waren diese Randbewegungen meist bald untergegangen.[157]

---

[156] Mülheimer Erklärung von 1909.

[157] Brüder vom Freien Geist, Rotten von Münster usw.

Einige führende Pfingstler erkennen den „Holzweg" der Pfingstbewegung, ziehen aber nur selten Konsequenzen

Pastor Regehly, Mitglied des ersten Mülheimer Bruderrates und Schriftleiter der „Pfingstgrüße", wurde bald schwer leidend und starb schon mit 45 Jahren. Fünf Monate vor seinem Tod schrieb er Pastor Klose, dem damaligen Vorsitzenden des Schlesischen Gemeinschaftsverbandes. Sein Brief ist ein erschütterndes Eingeständnis[158]: „Was wir als Geistesgaben begrüßten, ist zu 99 % nichts anderes als eine natürliche Äußerung rein menschlichen Seelenlebens und darum allen menschlichen Irrtümern ausgesetzt, meist sogar krankhaft und krankmachend. Meine Krankheit ist im Wesentlichen als Folge der aufregenden Pfingstversammlungen hin und her zum Ausbruch gekommen. Ich kann nicht mehr verhehlen, wir sind auf einen Holzweg geraten, von dem wir alle so schnell wie möglich herunter müssen, wenn wir nicht noch mehr Schaden nehmen wollen."[clxxxviii]

Prediger Friemel kehrte der Pfingstbewegung nach schweren inneren Kämpfen, den Rücken. Er berichtete von seinem Gespräch mit der Leitung des Mülheimer Verbandes. Hier traf er mit Pastor Jonathan Paul, Pastor Carl Oktavius Voget (1879-1936) und einigen anderen Leitern des Mülheimer Verbandes zusammen. Er erklärte ihnen die Gründe seines Austritts. Sie erkannten seinen Schritt an, sagten aber zugleich: „Was soll aber aus den vielen Pfingstgemeinschaften werden, wenn wir einen ähnlichen Schritt tun?"[clxxxix]

Pastor Voget legte 1924 seinen hauptamtlichen Dienst in der Pfingstbewegung nieder und wurde wieder landeskirchlicher Pfarrer in Ostfriesland.[cxc] Obwohl Voget weiter in der Mülheimer Bewegung aktiv blieb, erklärte er: „Die Spaltungen innerhalb der ‚Pfingstbewegung' in ihrer gegenwärtigen Gestalt zeugen wider sie, dass sie keine wahre ‚Pfingstgemein-

---

[158] Regehly war ja einst Gemeinschaftsleiter in Breslau und gehörte bis 1909 zum Vorstand des Schlesischen Gemeinschaftsverbandes.

de' ist ... Darum kann es sich für uns in keiner Weise darum handeln, die Pfingstbewegung zu rechtfertigen oder zu empfehlen."[cxci]

In der späteren Zeit gab es immer wieder Versuche der Pfingstbewegung, den Gnadauer Verband zur Aufhebung der „Berliner Erklärung" zu bewegen.[159] Bis in die Achziger Jahre des 20. Jahrhunderts geschah dies ohne Erfolg.

Schon bald erlitt die deutsche Pfingstbewegung das Schicksal aller schwärmerischen Bewegungen. Sie spaltete sich in viele Gruppen und Grüppchen. Aus der Geschichte heraus verstand sich der Mülheimer Verband immer als eine Art Gegenüber der Gemeinschaftsbewegung. Der Mülheimer Verband gilt mittlerweile als gemäßigte Pfingstrichtung.

Es gab verschiedene Versuche der Mülheimer, sich wieder in die Gemeinschaftsbewegung einzugliedern.

Vom 13.-15. Dezember 1921 gab es ergebnislose Verhandlungen.[cxcii] Im Juli 1931 schrieb Pfarrer Voget: „Was uns treibt ist die Einsicht, dass wir nicht ohne unsere Brüder und sie nicht ohne uns vollendet werden können, da wir doch in Christo ein Leib sind. Darum werden wir nicht müde, immer wieder die Hand nach unseren Brüdern auszustrecken."[cxciii]

Die Gemeinschaftsbewegung lehnte diese Angebote freundlich aber bestimmt ab, da sie darin ein „gefährliches Experiment" sah. Ihre Gründe waren, dass bei aller Mäßigung, die man den Mülheimern zugestand, weiter der „alte Schwarmgeist" auch in der gemäßigten Richtung vorhanden war, der für die Gemeinschaften weiter eine Gefahr der Verführung darstellte. Auch sah man den Hang der Pfingstler zu Spaltungen, die damit deutlich den wirkenden Geist als den Geist von Kassel identifizierten.[cxciv]

Seit den 1980er Jahren gibt es in Gnadau einen weicheren Kurs der Pfingstbewegung gegenüber. So unterzeichnete

---

[159] Noch zu Lebzeiten und unter Mitwirkung von Jonathan Paul 1919, 1921 und 1924. Der Gnadauer Verband lehnte jeweils ab.

Präses Morgner in seiner Eigenschaft als stellv. Vorsitzender der Evangelischen Allianz die „Kasseler Erklärung". 2009 kam es zu einer gemeinsamen Erklärung zwischen dem Mülheimer Verband und dem Gnadauer Verband, der von Seiten Gnadaus aber nicht als Rücknahme der Berliner Erklärung verstanden wird.[cxcv]

10. Die Entwicklung der Pfingst- bewegung bis in die Gegenwart

1931 erklärte Pastor Voget über den Zustand der Pfingst-bewegung, zu deren Vorstand er weiterhin gehörte: „Die Spaltungen innerhalb der ‚Pfingstbewegung' in ihrer gegen-wärtigen Gestalt zeugen wider sie, dass sie keine wahre ‚Pfingstgemeinde' ist …"[cxcvi]

Diese Aussage des damals wichtigsten Vertreters der deutschen Pfingstbewegung, der mit Sicherheit ein an der Schrift orientiertes Gewissen hatte, lässt einen Teil der großen Problematik dieser Bewegung erkennen. Sie ist eine Bewe-gung, in der Gottes Wort wirkt. Deshalb gibt es in den zur Pfingstbewegung gehörenden Gruppen auch echte Bekehrun-gen, persönliche Heiligung und geistliche Frucht. Da in dieser Bewegung aber ein Irrgeist Macht gewonnen hat, finden wir in ihr viele ans Dämonische erinnernde Entgleisungen.[160] Dieser Geist hat sich schon in Kassel und später wieder neu als „Lügengeist" identifiziert.

Grundsätzlich ist festzustellen: Je mehr Bedeutung Gottes Wort in einer Gemeinde hat, auch in einer Pfingstgemeinde, desto mehr geistliche Frucht ist erkennbar. Je mehr andere Elemente wie außerbiblische Prophetie, Wundersucht, Sucht nach körperlicher Gesundheit oder Verehrung von Menschen eine Rolle spielen, desto weiter ist diese Gemeinde von Gott entfernt. Sie mag noch Elemente einer Gemeinde haben, aber sie ist eine Gemeinde, die von endzeitlichen Entartungen geprägt ist. Jesus verheißt nicht, dass es in der Endzeit ein zweites Pfingsten geben werde, wie es die Pfingstler meinen. Er warnt vielmehr vor falschen Christussen, falschen Prophe-ten und falschen Wundern, die in der Endzeit auch Aus-

---

[160] Offb 2,20-25

erwählte verführen wollen.[161] Diese Entwicklungen sind auch für echte Gläubige eine Gefahr. Wer sich ihnen ausliefert, wird immer tiefer in Irrtümer verwickelt werden.[162]

Da schon am Anfang der Pfingstbewegung, in Los Angeles, solche dämonischen Irrtümer eindrangen, vergifteten sie die ganze Bewegung. Heinrich Dallmeyer nannte den Geist der Pfingstbewegung einen „Lügengeist". Trotz manchem Positiven, das auch in Gemeinden der Pfingstbewegung vorhanden sein kann, entlarvt dieser Lügengeist immer wieder sein dämonisches Wesen.

Die weitere Entwicklung der Weltpfingstbewegung

Im Hinblick auf das Gemeindewachstum war die Pfingstbewegung die weltweit erfolgreichste christliche Gruppe des 20. Jahrhunderts.[163] Aus den kleinen Anfängen in Los Angeles ist eine Bewegung geworden, die nach der katholischen Kirche heute die größte christliche Richtung ist. Je nach Zählung, umfasst die Pfingstbewegung zusammen mit der ihr geistig verbundenen Charismatischen Bewegung 200 bis 600 Millionen Menschen. In Teilen der 3. Welt sind die Pfingstgemeinden die auffälligsten und wirksamsten protestantischen Kirchen.[164]

Schon kurz nach ihrer Entstehung kam es in den USA zu ersten Spaltungen. Diese Spaltungen setzten sich in allen Ländern fort, in denen die Pfingstbewegung Fuß fasste. Manchmal geschahen diese Trennungen unter schlimmen

---

[161] Mt 24,23.24

[162] 2Thes 2,11

[163] „Die Pfingstbewegung umfasst heute – zusammen mit den charismatisch geprägten Erneuerungsbewegungen – annähernd 30% der weltweiten Christenheit und bildet den am stärksten wachsenden Zweig des Christentums." (http://lexikon.meyers.de/wissen/Pfingstbewegung)

[164] Wir sollten nicht übersehen, dass in der Kirchengeschichte zeitweise Irrlehren die Mehrheit der Christen prägten z.B. Arianer im 3. Jahrhundert und vor allen unter den Germanen.

gegenseitigen Vorwürfen und Verteufelungen. Dennoch geht man in der Bewegung davon aus, dass der Anfang in Los Angeles eine besondere geistliche Erweckung war. Man versuchte, die Spaltungen durch weltweite und regionale Verbünde etwas zu mildern. Zwar sind nicht alle Pfingstgemeinden Mitglieder dieser Bünde, aber sie repräsentieren dennoch einen großen Teil der Pfingstbewegung.

Zur Weltpfingstbewegung gehören Gruppen, die zum Teil durchaus biblische Prinzipien vertreten. Gleichzeitig gehören aber auch Gruppen dazu, in deren Gottesdiensten ekstatische Handlungen und psychische Beeinflussung der Anwesenden dominierend sind.[165]

Auch liberale Kräfte haben sich mittlerweile in bestimmten Pfingstkreisen etabliert. 1961/62 traten mit einer chilenischen Pfingstkirche Anhänger dieser Richtung dem Ökumenischen Rat der Kirchen bei.[166] Während die ACK sich scharf gegen Vertreter der Verbalinspiration der Bibel ausspricht, beginnt sie Verhandlungen mit dem Bund Freikirchlicher Pfingstgemeinden.[cxcvii]

Um 1960[cxcviii] drangen pfingstlerische Gedanken in verschiedene andere amerikanische Kirchen ein. Ihr Gründer war 1958/59 der episkopale Pfarrer Dennis Bennett. Pfarrer Larry Christenson war ein Pionier charismatisch-pfingstlerischer Gedanken in der Lutherischen Kirche. Dass sie historisch und theologisch Verbindung mit der traditionellen Pfingstbewegung hat, wird darin sichtbar, dass die Initiatoren und viele

---

[165] In der Stiftung Schleife ist z.B. ein Fall einer Person, die sich unter dem Einfluss des Toronto-Segens wie ein Huhn gebärdet hat und sich entsprechend vernehmen ließ, bekannt geworden. Biblische Ableitungen dieser neueren Tierlaute werden nicht mehr versucht. Manche grundsätzlichen Befürworter des Toronto-Segens sehen hier die Grenze zum Dämonischen überschritten. (http://www.relinfo.ch/toronto/info.html).

[166] Mit dem liberalen Pfingstler Walter Hollenweger, der an der Organisation der Weltmissionskonferenz 1973 in Bangkok mitwirkte, übernahm erstmals ein Pfingstler eine Leitungsfunktion im ÖRK.

führende Mitglieder der charismatischen Bewegung ihre Geistestaufen im Zusammenhang mit der alten Pfingstbewegung erlebt hatten.[cxcix]

Im Gegensatz zur Pfingstbewegung versucht die Charismatische Bewegung nicht unbedingt neue Gemeinden zu gründen. Ihr Ziel ist es, vorhandene Kirchen mit ihrem Geist zu durchdringen.[167] Das macht sie auch für die ohnehin mystischen Gedanken gegenüber offene katholische Kirche akzeptabel. 1967 ergriff die charismatische Bewegung erstmalig katholische Kreise in den USA. Papst Johannes Paul II. nahm die katholisch-charismatische Bewegung unter seinen speziellen Schutz.[168] Lange Zeit war der Brüsseler Kardinal Leon Joseph Suenens[cc] der vatikanische Beauftragte für die katholischen Charismatiker. Heute nimmt der Straßburger Kardinal diese Funktion wahr.

Die Katholische Charismatische Bewegung unterhält – nach verschiedenen Zwischenstationen – seit 1981 ihr Büro direkt in Rom.[cci]

1967 trat die Charismatische Bewegung, gefördert durch Pfarrer Arnold Bittlinger[ccii], erstmals in Deutschland in Erscheinung. In der damaligen DDR fasste die Bewegung über den sächsischen Volksmissionskreis, das Schniewindhaus bei Magdeburg und Kreise um den Stendaler Propst Eichenberg und OKR Dr. Paul Toaspern Fuß. Bruder- bzw. Schwesternschaften in Bräunsdorf und Großhartmansdorf (Sachsen) sorgten für seine Ausbreitung.[cciii]

Die weltweite Pfingstbewegung konstituierte sich als Welt-Pfingst-Forum (PWF – Pentecostal World Fellowship) im Jahre 1949. In Europa entstand 1966 bzw. 1987 die PEF (Pentecostal European Fellowship).[cciv] In Deutschland gibt es

---

[167] Eine Ausnahme ist z.B. die Anskar-Kirche von Pfarrer Kopfermann in Hamburg.

[168] Deutscher katholischer Dachverband: CE Deutschland (Charismatische Erneuerung i. d. kath. Kirche) Sitz in Ravensburg.

mehrere Dachverbände, zu denen ein Großteil der pfingstlich-freikirchlichen Gruppen gehört. Die innerkirchlichen charismatischen Gruppen haben ebenfalls verschiedene Dachverbände.[169] Diese Verbände arbeiten auf verschiedenen Ebenen zusammen.

Von Anfang an war die Pfingst- und die Charismatische Bewegung von Spaltungen, Skandalen und Extremen geprägt.[170] Diese treten zyklisch immer wieder neu auf. Wie ein Sturm ergreifen sie Teile oder auch die ganze Bewegung. Allerdings gehen sie auch bald wieder unter. Meist sind sie an besondere Personen gebunden.

Die weitere Entwicklung der deutschen und Weltpfingstbewegung

In Deutschland hat sie nach eigenen Angaben ca. 300.000 Anhänger, die sich auf die verschiedenen pfingstlichen Freikirchen, auf die innerhalb anderer Kirchen und Gemeinschaften arbeitende charismatische Erneuerungsbewegung und etwa 300 freie Gemeinden verteilen. Diese freien Gemeinden nennen sich oft „Christliches Zentrum", „Freie christliche Gemeinde" oder tragen andere Phantasienamen.

Grob kann man die heutige deutsche Pfingstbewegung in drei Gruppen aufteilen, die inhaltlich und geistig eng verbunden sind.

---

[169] „Geistliche Gemeinde Erneuerung" (GGE)

[170] Beispiel: Aus der Gruppe der Pfingstler mit zwei-stufigem Heilsweg (1914 etwa 60 Prozent der Nordamerikanischen Pfingstler) erwuchsen die „Assemblies of God" (AG), aus dieser mit dreistufigem Heilsweg die „Church of God in Christ" (COGIC), die „Church of God" (Cleveland) (CGC) und die „Pentecostal Holiness Church" (PHC). Innerhalb der Zwei-Stufen-Pfingstler kam es ab 1916 zu einer weiteren Auseinandersetzung, die mit der Frage der korrekten Taufformel begann. Aus der Behauptung, eine korrekte Taufe sei die auf den Namen Jesu allein, entbrannte ein Streit über die Trinitätslehre, der mit einer Abspaltung der Gruppe der „Jesus-Only" oder „Oneness" Pfingstler endete usw.
(http://lexikon.meyers.de/wissen/Pfingstbewegung).

Die klassischen Pfingstgemeinden. Ihre wichtigste Gruppe war der frühere Mülheimer Gemeinschaftsverband, heute: Mülheimer Verband Freikirchlich-Evangelischer Gemeinden. Bei etlichen der Gemeinden dieser Prägung ist ein nüchternerer Zug als in früheren Zeiten eingekehrt.

Neben ihm gibt es eine Reihe *Pfingstgemeinden, die zum Dachverband „Bund Freikirchlicher Pfingstgemeinden KdöR" gehören.* Unter ihnen sind teilweise sehr extreme örtliche Pfingstgemeinden zu finden.

Außerdem gibt es vielfältige *freie Charismatische oder Pfingstlerische Gruppen* in Deutschland.[171]

Die Entwicklung der Pfingst- und Charismatischen Bewegung zeigt, dass in ihr immer wieder vergleichbare Abartigkeiten wie am Anfang in Los Angeles oder in Kassel auftreten.

Da die Pfingst- und Charismatische Bewegung weltweit vernetzt ist, kommen fast alle negativen Wellen aus Amerika, Korea oder Australien auch nach Deutschland und werden hier oftmals aufgegriffen und unterstützt.

Die Kontinuität der schwärmerischen Anfälligkeit und Extreme von den Anfängen bis heute können uns einige Personen und Bewegungen des letzten Jahrhunderts verdeutlichen.

Ab den vierziger Jahren zog der amerikanische Pfingstler **William Branham** (1909-1965), der von sich behauptete, der letzte Prophet vor der Wiederkunft Jesu zu sein[172], auch in Deutschland viele Pfingstler in seinen Bann. Seine Anhänger

---

[171] „Die wichtigsten Dachverbände der Pfingstbewegung in Deutschland sind der Bund Freikirchlicher Pfingstgemeinden (BFT) und das Forum Freikirchlicher Pfingstgemeinden (FFP): Der Bund Freikirchlicher Pfingstgemeinden mit Sitz in Erzhausen bei Darmstadt wurde 1982 so benannt, seine Vorgänger reichen bis 1947 zurück. Seit 1974 ist der Bund eine Körperschaft öffentlichen Rechts."
(http://www.gemeindedienst.de/weltanschauung/texte/pfingstbewegung.htm)
[172] Branham leugnete die Dreieinigkeit.

behaupteten, dass er sogar tote Fische auferweckt habe. Seine Botschaften redeten von großen Erweckungen und Katastrophen. Führende Vertreter der heutigen Charismatischen Bewegung akzeptieren Branham als Prophet (z.B. Paul Cain, Mike Bickle und John Wimber).[ccv] Parallel zu Branham traten vergleichbare Extrempfingstler auf, die Tausende in ihren Bann zogen. Im Mai 1948 erlitt Branham einen schweren Nervenzusammenbruch und zog sich für ein halbes Jahr zurück. In dieser Zeit brachte die charismatische Revival-Bewegung weitere Heilungsprediger wie Oral Roberts, A. A. Allen und Kathryn Kuhlman hervor.

In den fünfziger und sechziger Jahren gab es u.a. den heute kaum noch bekannten selbstherrlichen deutschen Heilungspfingstler Herrmann Zaiss.[ccvi] In seine Versammlungen und Zelte strömten Tausende, die sich Heilung von ihren Leiden erhofften. Zaiss mobilisierte den extremen Teil der deutschen Pfingstler, was natürlich auch auf die anderen Pfingstgemeinden ausstrahlte. Er rief u.a. einer Versammlung in Dillenburg zu: „Ich sehe noch so viele mit Brillen, hättet ihr Glauben, so brauchtet ihr keine."[ccvii]

Volkhard Spitzer (geb. 1943), der Pastor der damals größten Charismatischen Gemeinde von Westberlin (Christliches Zentrum Berlin CZB), war in den 70er Jahren einer der bekanntesten Leiter der Charismatischen Bewegung in Deutschland. Er prophezeite eine Geistausgießung über dem Berliner Olympiastadion. Er prophezeite, dass bei diesem Ereignis auch der Bundespräsident eine Rolle spielen werde. Fanatische Pfingstler aus aller Welt kamen zur besagten Veranstaltung. Außer einem enthusiastischen Spektakel geschah nichts, was in der weltlichen Presse zu Hohn und Spott Anlass gab. Nach der nicht eingetroffenen Prophezeiung führte Spitzer jahrelang ein Leben in Sünde. Er verdiente sein Geld als freier Beerdigungsredner in München. Nach einer neuen Offenbarung und erneuten Lebensveränderung fühlte er sich nach einigen Jahren gottloser Lebensweise wieder beauftragt, Leiter eines Missionswerkes, diesmal in Kanada, zu werden. Später wurde er wieder Leiter des CZB. Niemals hörte man, dass die Pfingstler und Charismatiker, die Volkhard Spitzer seinerzeit unterstützten, für diese Irreführung vieler Gläubiger öffentlich Buße taten.[ccviii]

Reinhard Bonnke (geb. 1940)[173] behauptete in den 90er Jahren, dass durch die von ihm organisierte Schriftenaktion „Vom Minus zum Plus" eine große Erweckung in Deutschland aufbrechen werde. Es kam zu einer gewaltigen Geld- und Kraftanstrengung, an der sich auch nichtpfingstlerische Evangelikale und nichtcharismatische Gruppen beteiligten.[ccix] Über 36 Millionen DM Spendengelder flossen in die Aktion hinein. Von der geweissagten Erweckung im deutschen Volk war und ist nichts zu merken.[ccx]

Ein Pastor aus der freien evangelischen Gemeindebewegung, Helmut Weidemann, berichtet von einer „Feuerkonferenz" Bonnkes[174] in Frankfurt, in der für eine kranke Frau im Rollstuhl gebetet wurde. „Die Frau hat herzzerreißend geweint, und dann ging diese Frau nach Hause in diesem Bewusstsein: ‚Du bist nicht gesund geworden, weil du nicht richtig glaubst.' Das ist falsche Lehre und ein Verbrechen an kranken Menschen." Weiter recherchierte er über einen Zeitungsbericht zu einer angeblich ärztlich attestierten Heilung, doch weder diese noch eine andere der zahlreichen Wunderheilungen konnte oder wollte das Missionswerk Christus für alle Nationen (CfaN) nach einem längeren Briefwechsel nachvollziehbar belegen. „Ich habe Kassetten, da sind bestenfalls 10 Prozent Verkündigung, auch in den Veranstaltungen, 90 Prozent Heilung und Rummel um Heilung. Und wenn man der Heilung nachgeht, ist plötzlich der Auftrag die Verkündigung. Da schreibt er mir, … es sei

---

[173] 1974 gründete Bonnke das Missionswerk Christus für alle Nationen (CfaN) mit Sitz in Frankfurt am Main.

[174] Bonnke wird von seinen Anhängern „Mähdrescher Gottes" genannt.

schwierig, die angeschnittenen Fragen zu beantworten, und man müsse sich längere Zeit erst damit beschäftigen, sonst könne man auf die Nachfrage nach Heilung doch nicht antworten. ... Ich habe noch nie soviel Unwahrhaftigkeit erlebt." Es werde behauptet, „hier geschähen Heilungen, wo absolut keine sind"[ccxi].

1994 begann der sogenannte „Toronto-Segen", den die Charismatiker und Pfingstler als besondere Gnadenerweisung und Beginn einer großen Erweckung sahen, seinen Zug um die Welt. Es gab kaum eine Pfingstgemeinde, die von seinen Auswirkungen nicht mehr oder weniger stark berührt wurde. Zumindest viele Glieder, auch der gemäßigten Gruppen in Deutschland, zog es zu den Veranstaltungen dieser Bewegung.

„Toronto-Segen" bezeichnet im Sprachgebrauch der Pfingst- bzw. Charismatischen Bewegung ungewöhnliche ekstatische Reaktionen der Teilnehmer auf durch Handauflegung persönlich empfangenen Segen. Die Verhaltensweisen werden als vom Heiligen Geist gewirkt angesehen und auch als Salbung bezeichnet.

Der Name leitet sich von der Toronto Airport Christian Fellowship (TACF) her, einer Freikirche in der Nähe des Flughafens der kanadischen Stadt Toronto, die ehemals zur Vineyard-Bewegung zählte und in der die Reaktionen in den 1990er-Jahren verstärkt auftraten. Die Phänomene fanden in der charismatischen Bewegung jedoch rasch weltweite Verbreitung, nachdem viele Charismatiker nach Toronto gereist waren und der „Toronto-Segen" sich auf andere Gemeinden ausweitete.[ccxii]

In den Toronto-Versammlungen ging es noch konfuser zu als 1907 in Kassel. Die Prediger bliesen die Menschen an, und diese fielen um und wanden sich auf der Erde. Man nannte dies „Ruhen im Geist". Menschen wieherten, krähten, brüllten und lachten stundenlang. Einige klebten am Fußboden oder an der Wand. Obwohl diese Tumulte auf dämonische Einflussnahme hinwiesen, wurde der Toronto-„Segen" als Wirkung des Heiligen Geistes hingestellt. Viele Pfingstgemeinden und Charismatische Gruppen in Deutschland waren der Überzeugung, dass man es hier mit einer besonderen Segnung zu tun habe. Höhepunkte in Deutschland waren die Veranstaltung am 21.5.1994 in der „Biblischen Glaubensgemeinde" Stuttgart[175] und eine von Wolfhard Margies durchgeführte Veranstaltung am 25. und 26. Februar 1995 im ICC in Berlin. Hauptreferent war der Argentinier Claudio Freizon. Er hatte angeblich den göttlichen Auftrag, den Toronto-Segen nach Europa zu bringen. In Stuttgart prophezeite er eine große Erweckung für Deutschland, die in Stuttgart und Berlin beginnen werde. Im Laufe der Konferenz wurde proklamiert: „Wir erklären Deutschland für frei!"[176], „Alle, die krank sind, werden heute geheilt!", und schließlich wurden die Teilnehmer aufgefordert, unter Tanz und Geschrei „im Himmel ein Loch zu öffnen" und den Sieg Jesu zu proklamieren.[ccxiii] Eine Konferenz der namhaftesten Leiter der Charismatischen Bewegung Deutschlands erklärte: „Wir sehen darin ein vorbereitendes Handeln Gottes und wünschen uns, dass diese Bewegung nicht nur an ihren Begleitphänomenen, sondern vor allen an ihren bleibenden Früchten gemessen wird."[ccxiv] Heute, 15 Jahre später, ist die Frucht sichtbar. Der Toronto-Segen war ein dämonischer Zirkus, durch den unbedarfte Christen der Lächerlichkeit preisgegeben wurden.

Nach dem Abebben der Torontobewegung verursachte eine neue pfingstlerische Extrembewegung im Stadtteil Brownsville der Großstadt Pensacola (US-Staat Florida) weltweit Aufsehen. Wie in einer Massenpsychose, bekannten Gottes-

---

[175] Die Biblische Glaubensgemeinde ist gegenwärtig die größte Pfingstgemeinde in Deutschland. Sie wird von Peter Wenz geleitet.

[176] Hier spielt die Lehre von der geistlichen Kriegsführung eine Rolle. Manche Charismatiker meinen, kraft ihrer Vollmacht ganze Regionen von dämonischen Mächten befreien zu können. Dies ist Exorzismus der theologisch fragwürdigsten Form.

dienstbesucher – teilweise unter Tränen und Geschrei – öffentlich ihre Sünden. Das gleiche Phänomen, das schon in Kassel 1907 für schlimme Verwirrung sorgte. Mehr als 3 Millionen begeisterte Charismatiker und Pfingstler aus der ganzen Welt pilgerten nach Pensacola. Jedoch ging es auch mit dieser Bewegung schnell zu Ende. Zwischen 2000 und 2003 schieden die vier Hauptrepräsentanten der Bewegung, unter ihnen Hauptpastor John Kilpatrick und Evangelist Stephen Hill, aus dem Dienst aus. Der regelmäßige Gottesdienstbesuch in Pensacola ging von 3000 auf weniger als 1000 (für die USA eher ein geringer Besuch in einer bekannten Gemeinde) zurück.

Ab 2000 verbreiten charismatische und pfingstlerische Kreise weltweit und natürlich auch in Deutschland den Videofilm „Transformation – Gebet verwandelt eine Stadt". Der Film berichtet von den angeblich totalen Verwandlungen der Städte Cali (Kolumbien), Kiambi (Kenia), Hemet (USA) und Almolonga (Guatemala). Nachdem die Christen ihre lehrmäßigen Trennungen überwunden haben und gemeinsam für die Städte beten, sei es zu Erweckungen, zum Sieg über die Kriminalität, über Drogen und Okkultismus gekommen. Es hätte eine totale „Transformation" von sündigen Orten zu Zentren geistlichen Lebens gegeben. Befragte Christen in den Städten bestritten von Anfang an die Wahrheit der Berichte. Aber die Pfingstler wollten die Wahrheit nicht hören und verbreiteten ihre Lügen über Jahre weiter. In Wirklichkeit blieb Cali die Drogenhochburg mit unvergleichlich hoher Verbrechensrate. Tokunboh Adeyemo, der Regionalsekretär der Evangelischen Allianz von Kenia, redet von maßlosen „Übertreibungen" im Blick auf Kiambi.[ccxv] In Deutschland regten Charismatiker teilweise über die örtlichen Allianzkreise Stadtgebete an, um die angebliche Transformation auch in Deutschland zu erleben.

Seit dem 2. April 2008 wogte eine spektakuläre Welle von Florida ausgehend fast um den ganzen Globus. Das erste Mal in der Kirchengeschichte hatte sich eine scheinbare Erweckung über das Internet wie ein Flächenbrand ausgebreitet. Gemäß prophetischen Äußerungen sei die „Lakeland-Erweckung" die Erfüllung früherer Weissagungen, die von der größten Zeichen- und Wunderbewegung seit der Azusa Street, also dem Beginn der Pfingstbewegung, sprachen. Es traten, ähnlich wie beim Toronto-Segen 1994, Erscheinungen wie Umfallen, Zittern, unkontrolliertes Lachen, Schreien usw. auf. Paul Cain und Bob Jones betrachten die „Lakeland-Erweckung" als die von ihnen prophetisch angekündigte letzte endzeitliche Geistesausgießung. Am 23. Juni 2008 wurde unter Mitwirkung der weltweit bekanntesten Charismatischen Führer Todd Bentley (geb. 1976) in einer Ordinations-Zeremonie eingesetzt. C. Peter Wagner leitete die im Internet übertragene Veranstaltung. J. Lee Grady, der Chefredakteur des US-amerikanischen Charisma Magazins, verglich es mit der „Krönungszeremonie eines Königs". Peter Wagner wies in seiner Einsetzungspredigt darauf hin, dass Che Ahn, Bill Johnson und Jon Arnot über Jahre Todd Bentleys „geistliche Väter gewesen waren" (nach „Fest und treu", Nr. 126, S. 17, Meinerzhagen, 2009). Jedoch nach wenigen Monaten brach die Bewegung zusammen. Am 12. August 2008 trat die buchstäblich schillernde Gestalt dieser sogenannten Erweckung, Todd Bentley (geb. 1976), von allen Diensten zurück, nachdem eine wiederholte außereheliche Beziehung von ihm mit einem seiner Kindermädchen bekannt geworden war.[ccxvi] Inzwischen steht man vor einem Scherbenhaufen. Lee Grady als Herausgeber der amerikanischen Zeitschrift „Charisma Magazine", ein führender Charismatiker der USA, berichtet wegen des Desasters von Lakeland in seiner Zeitschrift von einem Gespräch: „Ein bekannter pfingstlicher Evangelist ... sagte zu mir: ‚Jetzt bin ich davon überzeugt, dass ein großer Teil der charismatischen Bewegung dem Antichristen folgen wird, wenn er auftreten sollte, denn sie haben kein geistliches Unterscheidungsvermögen.' Hoffentlich lernen wir dieses Mal unsere Lektion und begegnen dem nächsten Schwindler mit größerer Vorsicht."[ccxvii]

Immer wieder meinen die falschen Propheten, auf eine bevorstehende große Erweckung aufmerksam machen zu müssen.

Hier sind die Parallelen zu den Ereignissen von 1907-09 besonders offensichtlich.

Die beginnende Pfingstbewegung ging davon aus, dass Jesu Wiederkunft unmittelbar bevorsteht. Viele Weissagungen, besonders aus Los Angeles zeigen dies.[177]

Diese unbiblischen Prophetien treten seit ihren Anhängen in der Pfingstbewegung immer wieder auf. So fordert der US Evangelist David Wilkerson in einem Rundschreiben vom 7.3.2009 auf, dass sich die Gerechten wegen den zu erwartenden endzeitlichen Wirtschaftsproblemen für 30 Tage Vorräte zulegen sollen.[178] Wilkerson ist einer der weltweit bekann-

---

[177] „Von allem Anfang an und während all der ersten frühen Jahre (der Pfingstbewegung in Los Angeles) wurde ständig behauptet, dass die Wiederkunft Jesu unmittelbar bevorsteht ... Viele dieser Äußerungen waren ziemlich bestimmt, wie der Herr wird ‚dieses Jahr' wiederkommen oder innerhalb von zwei Jahren oder dass dies der letzte Winter sein kann, bevor er kommt." G. H. Lang, *The Earlier Years of the Modern Tongues Movement*, 1958, Seite 25-26.

[178] Auszug aus Wilkersons weltweiter Rundmail vom 7.3.2009: „Der Heilige Geist drängt mich dazu, diese wichtige Botschaft an euch alle und all diejenigen, die auf eurer Email-Verteilerliste sind, allen Freunden und Bischöfen, denen wir überall in dieser Welt begegnet sind, zu senden.

Demnächst wird ein Unglück geschehen, das die ganze Welt erschüttern wird. Es wird so furchterregend sein, dass wir alle erzittern werden, sogar der Frömmste unter uns.

Seit zehn Jahren warnte ich die Menschen, betreffend der tausend Feuer, die über die Stadt New York kommen werden. Sie werden die ganzen Metropolregionen verschlingen, einschließlich der Gebiete von New Jersey und Connecticut. Bedeutende Städte überall in Amerika werden Krawalle und lodernde Feuer erfahren – wie wir bereits vor Jahren in Watts, Los Angeles bezeugen konnten.

Es werden weltweit Krawalle und Feuer in Städten entstehen. Plünderungen – auch auf dem Times Square, New York City. Was wir zurzeit erleben, ist keine Rezession, nicht einmal eine Depression. Wir sind unter dem Zorn Gottes.

testen Pfingstprediger und Autor des Bestsellers „Das Kreuz und die Messerhelden", das auch verfilmt wurde.[ccxviii] Welcher Geist hinter den pfingstlerischen Weissagungen steht macht schon der Inhalt der Aussagen von Wilkerson klar. Wenn er die „Gerechten" auffordert, für 30 Tage Vorräte zum Überleben zu sammeln, dann vergisst er, dass ein Wesenszug des geistlichen Lebens die Nächstenliebe ist. Sollten derartige Probleme kommen, wie sie Wilkerson ankündigt, hätten Christen die Pflicht, jeden Bedürftigen der Umgebung zu unterstützen. Was würde dann aber ein Vorrat von 30 Tagen nutzen? Der falsche Geist, der aus den Pfingstlerischen Offenbarungen spricht, entlarvt sich als egoistischer Geist, der nur das seine sucht. Es ist nicht der Geist Jesu Christi, wie ihn die Bibel zeigt. Die Väter der „Berliner Erklärung" nannten ihn einen Geist „von unten" und einen Lügengeist.

Richard Krüger, der ehemalige Direktor des Theologischen Seminars der Pfingstgemeinden „Beröa", klagt in der Zeitschrift „Wort und Geist" (Emmetten/Schweiz) über unerfüllte Weissagungen. In den neunziger Jahren seien Erweckungsprophetien angesichts der Jahrtausendwende verstärkt

---

Im Psalm 11,3 lesen wir: ‚Wenn die Grundfesten eingerissen werden, was soll der Gerechte tun?‘

Gott richtet die gewaltigen Sünden Amerikas und der Nationen. Er zerstört die weltlichen Fundamente....

Was sollen die Gerechten tun? Und das Volk Gottes?

Als Erstes gebe ich euch ein praktisches Wort, welches ich selbst als Weisung erhielt. Wenn möglich, legt euch einen Vorrat an, der euch über dreißig Tage versorgen wird. Dieser Vorrat sollte aus unverderblichem Essen bestehen, Toilettenartikeln und anderen lebensnotwendigen Sachen. In den Großstädten werden die Regale in den Lebensmittelgeschäften innert einer Stunde leer sein, als Zeichen einer bevorstehenden Katastrophe. ...

Notiz: Ich weiß nicht, zu welchem Zeitpunkt diese Dinge geschehen werden, doch weiß ich, dass sie schon bald eintreffen werden. Ich habe meine Seele euch gegenüber entlastet. Was ihr nun mit dieser Botschaft macht, ist ganz allein eure Entscheidung.

Gott segne und behüte euch,

In Christus,

David Wilkerson" (http://sidelnikow.de/blog/?p=305)

aufgetreten. Dabei hätten auch bekannte und international tätige Verkündiger Details und Zeiten angegeben. In einem Fall sei Berlin „zur Hauptstadt der endzeitlichen Pläne Christi" erklärt worden, um von dort aus die Gräben zwischen den Völkern zuzuschütten. Krüger: „Eine nüchterne Betrachtung wird angesichts der Situation unseres Landes der Erweckungssehnsucht zustimmen, aber die Augen vor der Nichterfüllung vieler Prophetien nicht verschließen können." Es gebe in Deutschland „bereits ein Heer von enttäuschten und verwirrten Leuten". Ihre Erwartungen hätten sich trotz immer neuer Ankündigungen nicht erfüllt. Manche Menschen hätten „sogar am Glauben Schiffbruch erlitten". Das ehemalige Präsidiumsmitglied des Bundes Freikirchlicher Pfingstgemeinden (BFP) fragt: „Ist das ein Preis für Prophetie und Warten auf Erweckung? Wenn ja, ist er zu hoch."... Die Propheten gestünden kaum Irrtümer, Übertreibungen oder überhöhte Wunschvorstellungen ein.[ccxix]

11. Die deutschen Evangelikalen rücken zum großen Teil von der „Berliner Erklärung" ab

Mit der „Berliner Erklärung" hat die Gemeinde Jesu in Deutschland das mutige Zeugnis der führenden Persönlichkeiten der Erweckungsbewegung zu Beginn des 20. Jahrhunderts anvertraut bekommen. Dieses Zeugnis ist unter schweren inneren Kämpfen zustande gekommen. Von daher hat die „Berliner Erklärung" ihre bleibende Bedeutung. Die spätere Entwicklung hat die Richtigkeit der damaligen Aussagen bestätigt. Trotzdem wird die „Berliner Erklärung" weder in der Evangelischen Allianz noch im Evangelischen Gnadauer Gemeinschaftsverband als für unsere Zeit verbindlich angesehen. Dabei betrachtet man sich als geistige Kinder und Enkel der damaligen Verantwortungsträger der Gemeinde (so Pfarrer Dr. Morgner).

Weshalb rückt man von der „Berliner Erklärung" ab?
Trotz der zyklisch auftretenden extremen Erscheinungen wie Toronto-Segen usw. arbeitete man in Deutschland an der Überwindung der „Berliner Erklärung". Hätten nicht die Entwicklungen in der Pfingstbewegung die Evangelikalen zur Vorsicht mahnen müssen? Sie taten es nicht.

Eine Ursache dafür liegt sicher in der postmodernen Toleranz unserer Zeit, die Lehrfragen für zweitrangig hält. Die Grundaussage der Ökumenischen Bewegung, „Lehre trennt – Dienst eint", hat sich auch im evangelikalen Bereich durchgesetzt.[ccxx] In einer Zeit, in der Evangelikale und Katholische Kirche Gemeinsamkeiten suchen, wird man auch mit den Pfingstkirchen zusammenarbeiten.

Sicher steht hinter der Verbrüderungsfrage auch die berechtigte Sehnsucht nach geschwisterlicher Gemeinschaft mit der großen Gruppe von Christen, die in der Pfingst- und Charismatischen Bewegung beheimatet ist. Bruderliebe hat ihre Berechtigung. Aber sie darf die Irrlehre nicht wuchern lassen. Für diesen Fehler hat man doch zu Beginn des 20. Jahrhunderts schon schwer gebüßt.

Die zweite Ursache ist, dass sowohl die Evangelische Allianz wie auch der Gnadauer Verband mit liberalen Kirchen und Pfarrern zusammenarbeiten. Diese Kirchen dulden in ihren Reihen auch charismatische Gruppen und Theologen. Natürlich ist es schwer möglich und vermittelbar, mit nicht-bekehrten Kirchenvertretern zusammenzuarbeiten, die bekehrten Charismatiker aber, wie es die „Berliner Erklärung" verlangt, zu ignorieren. Über die Zusammenarbeit in örtlichen Allianzen und bei größeren missionarischen Einsätzen entwickelte sich eine Zusammenarbeit zwischen Charismati-kern, Pfingstlern und Evangelikalen. Diese Zusammenarbeit ist sowohl von Evangelikalen wie von Charismatikern und Pfingstlern gewünscht.

Durch bestimmte Gottesdienstformen wie den heutigen Lobpreis haben Pietisten pfingstlerische Frömmigkeitsformen übernommen. Dadurch wurde eine Offenheit für mystische Erfahrungen geschaffen, die bei manchen Evangelikalen in pfingstlerische Frömmigkeit wechseln kann.[179]

---

[179] Pfarrer Jakob Stehle erklärt in seinem Kleinen Begriffslexikon: „Die Charismatische Bewegung hat gegen Ende des 20. Jahrhunderts besonders ausgeprägte Formen des Lobpreis- und Anbetungssgottesdienstes entwickelt. Sie sind für unsere heutige Zeit charakteristisch und stil bildend geworden. So steht der Begriff Lobpreis heute meist für die spezielle ‚charismatische' Form des Lobpreises und der Anbetung.

Eine typisch charismatische Lobpreiszeit besteht darin, dass über eine halbe Stunde oder länger hauptsächlich Lobpreis- und Anbetungslieder gesungen werden. Zwischendurch werden manchmal Gebete gesprochen oder Geistesgaben, insbesondere Zungenrede und Prophetie, praktiziert.

Als Ausdruck besonderer Innerlichkeit werden während des Lobpreises die Augen geschlossen und die Hände nach oben gestreckt.

Die Teilnehmer suchen während der Lobpreiszeit die Gegenwart Gottes zu erspüren.

Dieser Entwicklung zieht dann die faktische Außerkraftsetzung der „Berliner Erklärung" durch die Kasseler Erklärung und die gemeinsame Erklärung des Mülheimer- und des Gnadauer Verbandes nach sich.

Die Bedeutung der „Kasseler Erklärung" und der gemeinsame(n) Erklärung der Gnadauer und der Mülheimer

Dieses Aufkündigen der „Berliner Erklärung" wurde in zwei neuen Dokumenten festgeschrieben:

1. Die „Kasseler Erklärung" am 1. Juli 1996 zwischen dem Hauptvorstand der Deutschen Evangelischen Allianz und dem Präsidium des Bundes Freikirchlicher Pfingstgemeinden.
2. Die „Gemeinsame Erklärung des Evangelischen Gnadauer Gemeinschaftsverbandes und des Mülheimer Verbandes Freikirchlicher-Evangelischer Gemeinden zur ‚Berliner Erklärung' von 1909" am 18. Januar 2009.[ccxxi]

Durch beide evangelikale Erklärungen kam es *de facto* zu einer Aufkündigung der „Berliner Erklärung" durch die Evangelische Allianz und den Evangelischen Gnadauer Gemeinschaftsverband. Weil die von den beiden Bewegungen, Allianz und Gnadau, vertretenen Christen die Kreise waren, durch die es zur „Berliner Erklärung" kam, ist ihr Abweichen von deren Inhalt für unsere Zeit von besonderer Bedeutung.

Wenn Gnadau und die Allianz es auch nicht so deutlich sagen, so sprechen die Pfingstler doch Klartext. In ihren Augen ist die „Berliner Erklärung" 1996 und 2009 aufgekündigt worden.[ccxxii] Der Bund Freikirchlicher Pfingstgemeinden

---

Es kann dabei in manchen Kreisen zu Formen von Ekstase kommen, unter anderem auch im Zusammenhang mit dem Torontosegen."

(http://www.glauben-und-bekennen.de/besinnung/begriffe-l/lobpreis-anbetung.htm)

stellt auf seiner Internet-Seite zur „Kassler Erklärung"
fest:[ccxxiii]

„Berliner" und „Kasseler Erklärung"

Hintergrund
In der Aufbruchsphase der Pfingstbewegung am Anfang
des 20. Jahrhunderts war die Pfingstbewegung eine
Antwort auf geistliche Erstarrtheit und Rationalismus,
der sich immer mehr ausgebreitet hatte. Menschen
suchten tiefere Erfahrung mit Gott. Im Suchen um
geistliche Erweckung war die Erfüllung mit der Kraft
des Heiligen Geistes eine göttliche Antwort.

Reaktionen
In Deutschland gab es ganz unterschiedliche Reaktio-
nen. Der neue Aufbruch wurde von vielen mit großem
Hunger aufgenommen. Auf der anderen Seite gab es
aber auch – besonders unter den bereits bestehenden
Gemeinden – starke Ablehnung. Der Widerstand
formierte sich zu einer massiven Ablehnungsfront gegen
den Aufbruch des Heiligen Geistes. Er gipfelte in der
Berliner Erklärung vom 15.9.1909.
  Die Berliner Erklärung verurteilt den pfingstlichen
Aufbruch als „von unten" und erhebt warnend die
Stimme. Das Dokument ist über Jahrzehnte in Deutschland Anlass zu Trennung und Distanz zwischen pfingst-
lichen und evangelikalen Christen gewesen.
  Durch die gemeinsame Erklärung der Evangelischen
Allianz Deutschland und des BFP aus dem Jahre 1996,
wurde die Berliner Erklärung *de facto*, wenn auch nicht
ausdrücklich, widerrufen.

Dass auch die Gemeinsame Erklärung des Gnadauer Verbandes und der Nachfolgeorganisation des Mülheimer Verbandes

als Aufkündigung der „Berliner Erklärung" gesehen wird, zeigt der „idea online"-Bericht vom 23.1.2009. Er hatte die Überschrift: „Erstmals predigt ein Gnadauer Präses bei Mülheimern". Es folgte ein Beitrag zur Gemeinsamen Erklärung von Gnadauer Pietisten und Mülheimer Pfingstlern und dem ersten gemeinsamen Gottesdienst auf Leitungsebene der Verbände:[ccxxiv]

Mülheim/Ruhr (idea) – Erstmals hat ein Präses des Evangelischen Gnadauer Gemeinschaftsverbandes (Vereinigung Landeskirchlicher Gemeinschaften) auf einer Kanzel des Mülheimer Verbandes Freikirchlich-Evangelischer Gemeinden gepredigt. Pfarrer Christoph Morgner (Kassel) sprach am 18. Januar in Mülheim/Ruhr anlässlich der vor 100 Jahren veröffentlichen „Berliner Erklärung".

Damals hatten sich Pietisten aus Landes- und Freikirchen von der aufkommenden Pfingstbewegung distanziert und sie als eine „von unten" – also dämonisch beeinflusste – Bewegung bezeichnet. Pfingstlerisch orientierte Pietisten verließen daraufhin die Dachorganisation „Gnadauer Verband" und antworteten mit einer „Mülheimer Erklärung", die sie vor 100 Jahren im Gemeindezentrum der Christus-Gemeinde Mülheim verabschiedeten – dem Ort, wo Morgner jetzt predigte. 1913 wurde der Mülheimer Verband gegründet, der heute eine Freikirche ist. Nun haben sich die beiden Verbände wieder versöhnt. Die „Berliner Erklärung" habe für heute keine Bedeutung mehr, heißt es in einem am 14. Januar veröffentlichten Papier. Morgner bezeichnete den gemeinsamen Gottesdienst als „geschichtsträchtige Stunde". „Was würden wohl die Brüder dazu meinen, die vor 100 Jahren die Berliner Erklärung und wenig später die Mülheimer Erklärung verfasst haben? … Ich bin überzeugt: Sie würden sich alle miteinander herzlich freuen." In vielfältigen Begegnungen seien in den letzten Jahrzehnten wieder Brücken zueinander gebaut worden. Persönliches Vertrauen sei gewachsen. Morgner: „Und nicht nur das: Wir haben uns auf dem gemeinsamen biblisch-reformatorischen Boden wiedergefunden." Zwar sei die damalige Trennung „theologisch und strukturell geboten" gewesen. „Aber so verantwortungsbewusst man damals gehandelt hat: Die Trennung heute fortzusetzen und sogar zu kultivieren, wäre gegen den Geist des Evangeliums und auch gegen alle Vernunft."

Gnadau 2009: Der alte Irrweg von Vandsburg 1910

Laut idea erklärte Dr. Christoph Morgner in seiner Mülheimer Predigt: „Was würden wohl die Brüder dazu meinen, die vor 100 Jahren die Berliner Erklärung und wenig später die Mülheimer Erklärung verfasst haben? ... Ich bin überzeugt: Sie würden sich alle miteinander herzlich freuen."

Hier irrt Bruder Morgner. Die damaligen Brüder haben sich zu dieser Frage unmissverständlich positioniert:

Im Mai 1909 stellte General v. Viebahn Walter Michaelis die entscheidende Frage: „Dürfen wir es länger mit ansehen, dass immer mehr Geschwister in die unheilvolle Bewegung gezogen werden?"[ccxxv]

Michaelis erklärte rückblickend auf die Kompromissgespräche zwischen Pfingstlern und ihren Gegnern 1907 in Barmen: „Sie gereichte uns nicht zum Ruhm, weil eine Klärung nicht erreicht wurde, sondern nur Burgfrieden beschlossen wurde, den die andere Seite aber bald durchbrach. Sie konnte aber auch nicht anders, wenn sie von der Göttlichkeit ihrer Sache überzeugt war."[ccxxvi]

Elias Schrenk forderte in seiner Bibelarbeit bei der Gnadauer Hauptkonferenz 1910 „dass die Gemeinschaft in Zukunft wieder zur Betonung der Rechtfertigungslehre zurückfindet und über dem nicht verhinderten Eindringen der Sonderlehren Buße tun müsse."[180]

Die Väter der „Berliner Erklärung" sahen klar, dass in der Pfingstbewegung neben dem Wort Gottes auch ein falscher Geist, ein Geist „von unten", wirkt. Aus diesem Grund irrt der heutige Gnadauer Präses Dr. Morgner[181], wenn er meint, dass sich die Väter der „Berliner Erklärung" über die heutige Zusammenarbeit von Pfingstlern und Evangelikalen freuen würden. Sie hätten aus bitter Erfahrung heraus hart widersprochen.

Die „Kasseler Erklärungen" von 1996 und die „Gemeinsame Erklärung" von 2009 stehen nicht in der Geisteshaltung eines Schrenk, Michaelis oder von Viebahn. Sie stehen aber den Initiatoren der „Vandsburger Erklärung" nahe. Diese Erklärung machte den Schaden, den die Pfingstbewegung angerichtet hatte, nur noch größer und ist deshalb mit Recht 1911 von den Neutralen zurückgenommen worden.

Überall wo die Rechtfertigungslehre von Nebenlehren oder Sondererkenntnissen überschattet wird, ist die Gefahr der Schwärmerei gegeben. Die heutige Pfingst- und Charismatische Bewegung wird vom selben Geist „von unten" dominiert wie die Pfingstbewegung von 1907.

Selbst die „Kasseler Erklärung" erwähnt noch, dass die gleichen Entartungen wie 1909 und teilweise noch schlimmere auf pfingstlerischer Seite bestehen. So heißt es in der Kasseler Erklärung:

„Wir bedauern, dass spektakuläre Erscheinungen, wie z.B. das ‚Ruhen im Geist', ‚Lachen im Geist', die Austreibung sogenannter ‚territorialer Geister' usw. zur Verunsicherung, Verwirrung und Spaltungen in der Gemeinde Jesu geführt hat.

---

[180] Er selbst hatte in Kassel die Versammlungen anfangs noch unterstützt. Allerdings war er der Erste, der im August 1907 nach Kassel schrieb: Es ist ein Geist von unten.

[181] Ab September 2009 ist als neuer Präses Michael Diener im Amt.

Ungeachtet der unterschiedlichen Bewertungen im einzelnen sind wir uns einig, dass um des gemeinsamen Auftrages in der Evangelischen Allianz willen, insbesondere im Zusammenhang von Veranstaltungen, Projekten, usw., die im Rahmen und in der Verantwortung der Evangelischen Allianz durchgeführt werden, solche umstrittenen Inhalte keinen Raum finden."[ccxxvii]

Die Ausgangslage heute ist nicht anders als zurzeit der „Berliner Erklärung".

Einige pfingstlerische Gruppen sind sicher etwas ernüchtert. Dafür sind andere Gruppen noch extremer als in den Anfängen dieser Bewegung. Da sie sich aber fast alle zur Weltpfingstbewegung halten, dokumentieren sie, dass sie vom selben Geist kommen.

Kein ernst zu nehmender Kritiker der Pfingstbewegung hat je gesagt, dass in der Pfingst- und Charismatischen Bewegung nur Dämonen wirken. Niemand ist berechtigt, den dortigen Christen ihre Gotteskindschaft abzustreiten. Aber es ist heute so offensichtlich wie vor 100 Jahren, dass in dieser Bewegung „menschliches und dämonisches"[182] mitwirkt. Sich einer solchen Bewegung auszusetzen oder mit ihr zusammen zu arbeiten, ist eine Gefahr für die Gemeinde.

In der „Berliner Erklärung" wurde dieser Gefahr mutig und biblisch klar begegnet. Wir tun gut daran, die Worte der „Berliner Erklärung" auch im Blick auf die schwarmgeistige Bewegung unserer Zeit ernst zu nehmen.

Vorsicht vor dem Geist, der sich 1909 als Lügengeist entpuppt hat! Er wirkt auch heute noch geistlich zerstörerisch. Wie zwischen 1907 bis 1909 Christen verführt wurden, so verführt dieser Geist auch heute nicht wenige Kinder Gottes, von der gesunden Lehre in gesunden Gemeinden wegzugehen und in Kreisen Erfahrungen zu suchen, in denen sie zur

---

[182] Siehe „Mülheimer Erklärung" und die vielen Stellungnahmen der deutschen Pfingstler von Paul über Edel bis zu Voget.

Verehrung und Anbetung eines Geistes getrieben werden, der sich immer wieder durch falsche Prophezeiungen, falsche Wunder und falsche Hirten entlarvt hat. Wie hatte Johannes Rubanowitsch in seiner Schrift: „Das heutige Zungenreden" geschrieben: „Der die Menschen umfallenmachende Geist muss ein fremder Geist sein."[ccxxviii]

Die „Berliner Erklärung" ist zwar in einer bestimmten geschichtlichen Situation der Reichsgottesgeschichte entstanden. Ihre Gedanken aber sind hilfreich auch für das Verhalten der Kinder Gottes heute.

Wie sollten wir Christen uns heute, 100 Jahre nach der „Berliner Erklärung", im Alltag verantwortungsbewusst gegenüber der Pfingstbewegung und der ihr verwandten Charismatischen Bewegung verhalten?
Nach 100 Jahren hat sich auch in den Kirchen und Gemeinden viel verändert. Vor 100 Jahren versuchte die Pfingstbewegung als exotische Neuheit eine schlecht vorbereitete Gemeinde zu unterwandern. Heute ist sie nichts Neues mehr, vielmehr ist sie Realität, die in Gemeinden und Gruppen Fuß gefasst hat. In Deutschland dürfte es mittlerweile ebenso viele Anhänger der Pfingst- und Charismatischen Bewegung wie Pietisten geben. Weltweit ist die Pfingstbewegung die am meisten wachsende christliche Konfession. Zu ihr bekennen sich mehr Menschen als zu Lutheranern, Reformierten und Baptisten zusammen.

Es wäre töricht, sie zu ignorieren. Die äußere Lage ist anders als vor 100 Jahren.

Von der Öffentlichkeit werden Pietisten, Freikirchler, Bibeltreue aus unabhängigen Gemeinden und Pfingstler mit ein und demselben Begriff belegt: Evangelikale. Von kämpferischen Atheisten, die auch immer aggressiver werden, werden wir oft genug gemeinsam mit dem Kampfbegriff Fundamentalisten diskriminiert.

War die Zeit vor 100 Jahren noch von einer gewissen Volksfrömmigkeit und Gottesfurcht geprägt, so ist der heutige

Zeitgeist teilweise esoterisch, meist aber religiös uninteressiert oder sogar kämpferisch atheistisch.

Im alltäglichen Leben begegnen wir Pfingstlern als Mitchristen. Unsere Kinder sind mit ihnen in den gleichen Klassen und freuen sich, dass sie nicht die einzigen Christen in der Schule sind. Oft gehören ihre Gemeinden zur örtlichen Evangelischen Allianz, in der ja auch sehr viele von uns engagiert sind.

Ob wir es für gut halten oder nicht, es hat sich doch eine reale Zusammenarbeit mit den pfingstlerischen Gemeinden und Gruppen in übergemeindlichen missionarischen Aktionen, Gebetstreffen oder bei Tagungen entwickelt.

Ein Großteil des neueren Liedguts ist charismatisch geprägt.

Charismatische oder auch charismatisch beeinflusste Gruppen sind missionarisch aktiv. Sie erreichen manche jungen Leute, die wir nicht mehr mit dem Evangelium erreichen. Nicht selten finden in ihren Gemeinden junge Menschen ein geistliches Zuhause, die familiär aus pietistischen Gruppen oder bibeltreuen Gemeinden kommen. Sie hatten sich vom Evangelium abgewendet, und wir erreichen sie kaum noch, weil sie uns für steif, altmodisch und weltfremd ansehen. Einige werden von charismatischen Gruppen angezogen. Zeugnishaft sagte eine Mutter: „Als ich sah, dass meine Tochter sich immer weiter von Jesus entfernte und total in die Welt ging, war ich am Ende. Alles Beten half nichts. Als ich dann erfuhr, dass sie jetzt in einer charismatischen Gruppe und dort mit erhobenen Händen jauchzend „Halleluja" jubelte, dankte ich Jesus, dass meine Tochter zurück zu Gott gekommen ist." Wer will dieser Mutter widersprechen?

Wenn wir erleben, dass leitende Brüder aus der heutigen Gemeinschaftsbewegung und Evangelischen Allianz die „Berliner Erklärung" nur noch als historisches Dokument betrachten wollen, so ist dies nicht nur Folge der schon genannten postmodernen Beliebigkeit. Es ist sicher auch

Folge solcher notvoller seelsorgerlicher Realitäten. Die leitenden Brüder Gnadaus oder der Evangelischen Allianz nur als dem Zeitgeist verfallen darzustellen, wäre deshalb nicht angemessen und lieblos.

Sicher sind die Aussagen der „Kassler Erklärung" und der „Gemeinsamen Erklärung" der Gnadauer und Mülheimer von 2009 falsche Zeichen. Sie geben biblische Grundsätze auf, zu denen besonders der Gnadauer Verband 100 Jahre lang stand. Aber menschlich verständlich ist dieser Kurs.

Da die Probleme, denen die Brüder vor 100 Jahren mit der „Berliner Erklärung" begegnen mussten, nicht aus der Welt sind und sich die Zungenbewegung auch nicht grundsätzlich vom falschen Geist distanziert hat, müssen wir einen anderen Weg gehen.

Wenn Pastor Michaelis erklärte, dass Kompromisse mit dem Pfingstgeist nur zur Verwirrung unserer Gemeinden führen, dann hatte er ja dafür den Grund genannt: „Sie können ja nicht anders", erkannte er.

Deshalb erleben wir, dass Pfingstler jeder Prägung versuchen, ihren Geist weiterzugeben. Sie halten ihn für geistliches Leben und meinen, alle anderen Christen damit beglücken zu müssen.

Drei Hinweise zum rechten Umgang mit dem Schwarmgeist als bleibende Lehren der Berliner Erklärung:

1. Was wir tun, sollten wir in Liebe tun.
Wenn in der „Berliner Erklärung" auch eine Trennung vollzogen wurde, so war diese von Liebe geprägt. Von Liebe zu den Gemeinden, die dem Schwarmgeist nicht als Beute überlassen werden sollten. Auch von Liebe zu den Verirrten, von denen später einige zurückfanden.

Punkt 5 der Berliner Erklärung sagte: „Wir lieben ihn (Pastor Paul) als Bruder und wünschen ihm und der Schar seiner Anhänger, in Wahrheit zu dienen. Es ist uns ein Schmerz, gegen ihn Stellung nehmen zu müssen."

Liebe ohne Wahrheit ist Heuchelei und Torheit. Wahrheit ohne Liebe ist Fanatismus. Deshalb sollten wir uns nicht auf rechthaberische Auseinandersetzungen mit den Anhängern der Pfingstbewegung einlassen. Wie in der „Berliner Erklärung" sollten wir uns selbst beugen (Punkt 3): „Die Gemeinde Gottes in Deutschland hat Grund, sich tief zu beugen darüber, dass diese Bewegung Aufnahme finden konnte. Wir alle stellen uns wegen unserer Mängel und Versäumnisse, besonders auch in der Fürbitte, mit unter diese Schuld." Ohne eigene Sündenerkenntnis ist die Gefahr der Lieblosigkeit, die nicht im Sinne Jesu ist, zu stark (1 Tim 6,20).

Wenn durch den Einsatz der so genannten pfingstlichen Richtungen Menschen gläubig werden, wollen wir uns gern mitfreuen (Mk 9,38-40).

Ein bekehrter Pfingstler ist Gott näher als ein geistlich gleichgültiger Zeitgenosse. Er ist unser Bruder bzw. unsere Schwester, wenn auch lehrmäßig verirrt.

2. Wir müssen unsere Gemeinden vor falschen Einflüssen schützen.

Wir müssen uns und unsere Gemeinden vor dem Ungeist, der selbst aus Sicht ihrer Väter (Mülheimer Erklärung) in ihren Kreisen vorhanden ist, abschirmen.

Wir müssen der „Berliner Erklärung" zustimmen, wenn sie feststellt (Punkt 2): „Eine derartige Bewegung als von Gott geschenkt anzuerkennen, ist uns unmöglich. Es ist natürlich nicht ausgeschlossen, dass in den Versammlungen die Verkündigung des Wortes Gottes durch die demselben innewohnende Kraft Früchte bringt. Unerfahrene Geschwister lassen sich durch solche Segnungen des Wortes Gottes täuschen. Diese ändern aber an dem Lügencharakter der ganzen Bewegung nichts (vgl. 2 Kor 11,3.4.14)."

Sicher wirkt nicht nur Ungeist in den charismatischen und pfingstlerischen Kreisen. Durch Gottes Barmherzigkeit finden auch dort Menschen zu Jesus. Aber der falsche Geist in diesen

Gruppen war, ist und bleibt eine Gefahr für alles echte Glaubensleben. Deshalb haben wir die Pflicht, unsere Gemeinden vor den Irrtümern und seelischen Entgleisungen der Pfingstler zu schützen (Apg 20,28). Wenn wir nicht wollen, dass unsere Geschwister Jünger der Schwärmer werden, müssen wir auch Irrlehrer mit Namen nennen und vor ihnen warnen, wie es die „Berliner Erklärung" tat. Das ist nicht lieblos, sondern ehrlich und verantwortungsbewusst.

Besonders unsere geistlich noch schwachen Gemeindeglieder oder auch die Jugend könnten Opfer der Gefühlsfrömmigkeit dieser Kreise werden. Zu leicht kommen auch echte Christen in Abhängigkeit von Menschen, die in diesen Kreisen verherrlicht werden.

Zu leicht verwechselt man einen aufgeputschten Seelenzustand mit Geisteswirkungen und wird süchtig nach seelischen Phänomenen, die für Gottes Geist den Blick vernebeln.

3. Da in der Pfingst- und Charismatischen Bewegung zu viele Irrtümer und menschliche Kräfte Zentrum sind, sollten wir, wo immer möglich und verantwortbar, Abstand zu dieser Bewegung halten.

Die Pfingst- oder Charismatische Bewegung ist keine uns verwandte Bewegung. Es ist falsch, wenn wir uns mit ihnen gemeinsam unter dem Begriff „Evangelikale" sammeln.

In aller Demut zeigt die „Berliner Erklärung" bewusst geistliche Verwandtschaft zwischen Sekten und Irrlehrern und Okkultisten früherer Zeiten und den Phänomenen der Pfingstbewegung auf. So sagt sie (Punkt 1c): „Schon oft sind solche Zeichen mit ähnlichen Bewegungen verbunden gewesen, z.B. mit dem Irvingianismus, ja selbst mit der ‚christlichen Wissenschaft' (*Christian Science*) und dem Spiritismus."

Das bedeutet aber nicht, dass die Pfingstler und Charismatiker keine Christen wären.

4. Umgang wie mit Anhängern anderer, nicht allein bibeltreuen Kirchen

Die Pfingst- bzw. Charismatische Bewegung können wir wie eine andere Konfession im klassischen Sinne betrachten. Wir sollten diese Bewegung mit der Katholischen oder Orthodoxen Kirche vergleichen. Natürlich sind Katholiken und Orthodoxe Kirchen christliche Gemeinschaften. Es gibt ja in den Orthodoxen und Katholischen Kirchen Gruppen, die sich zur charismatischen Bewegung zählen. Es gab und gibt auch in diesen Kirchen echte Gotteskinder. Aber zwischen ihnen und uns bestehen tiefe theologische Unterschiede. Eine Zusammenarbeit mit derartig andersartigen Kirchen und ihren Vertretern ist nur sehr beschränkt und auf geistlichem Gebiet eigentlich kaum möglich. Ihr Glaubens- und Gemeindeleben ist zu weit vom biblischen Maßstab entfernt. Auch in diesen Kirchen wirken Geister und Kräfte, die nicht von Jesus kommen.

Wir achten Glieder anderer Konfessionen als Menschen.

Wir freuen uns auch, wenn in ihren Reihen Gottes Wort bezeugt wird und Menschen bei ihnen zu Jesus finden.

Mit gutem Recht aber arbeiten wir normalerweise von ihnen getrennt.

5. Gottes Wort mahnt zu liebevollen, aber nüchternem Umgang mit irrenden Geschwistern.

Selbst die von ihnen oft als Legitimation vorgeführten Wunder sind eher Endzeitzeichen denn Erweisungen geistlicher Vollmacht: „Denn es werden falsche Christi und falsche Propheten aufstehen und werden große Zeichen und Wunder tun, um so, wenn möglich, auch die Auserwählten zu verführen" (Mt 24,24).

Ihre Theologie ist unnüchtern und schon in der „Berliner Erklärung" entlarvt (Punkt 6): „Wir erwarten nicht ein neues Pfingsten; wir warten auf den wiederkommenden Herrn."

Bei aller Entschiedenheit aber bleibt Liebe die Umgangsform auch mit den Verirrten: *„Und wenn ich weissagen könnte und wüsste alle Geheimnisse und alle Erkenntnis und hätte allen Glauben, also dass ich Berge versetzte, und hätte der Liebe nicht, so wäre ich nichts"* (1Kor 13,2).

Gottes Wort mahnt: *„Seid nüchtern und wachet; denn euer Widersacher, der Teufel, geht umher wie ein brüllender Löwe und sucht, welchen er verschlinge"* (1Petr 5,8).

Anhang aktueller Dokumente

Gemeinsame Erklärung des Hauptvorstandes der „Deutschen Evangelischen Allianz" (DEA) und des Präsidiums des „Bundes Freikirchlicher Pfingstgemeinden" (BFP)

Geschichtlicher Hintergrund

Am Anfang des 20. Jahrhunderts fasste die Pfingstbewegung auch in Deutschland Fuß. Während sie von einigen als eine göttliche Antwort auf die geistliche Erstarrung und den Rationalismus in den Kirchen gewertet wurde, erfuhr sie auf der anderen Seite – besonders unter den bereits bestehenden Gemeinden – starke Ablehnung. Der Widerstand wurde vor allem durch die Auswüchse der Pfingstbewegung genährt und gipfelte in der Berliner Erklärung vom 15.9.1909.

Die Berliner Erklärung verurteilte die pfingstlichen Auswüchse als „von unten" – auch wenn sie offen ließ, wie viel in ihr menschlich, seelisch oder dämonisch – und erhob warnend die Stimme gegen Erscheinungen, die man als nicht vom Heiligen Geist gewirkt sehen konnte.

Das Dokument von 1909 war über Jahrzehnte in Deutschland Anlass zu Trennung und Distanz zwischen pfingstlichen und evangelikalen Christen. Durch die gemeinsame Erklärung der „Evangelischen Allianz Deutschland" und des „Bundes Freikirchlicher Pfingstgemeinden" aus dem Jahre 1996 wurde die Berliner Erklärung de facto, wenn auch nicht ausdrücklich, widerrufen.

Der Wortlaut der Erklärung

Wir sind dankbar, dass nach offenen Gesprächen zwischen Vertretern der DEA und des BFP Vertrauen gewachsen ist. Nachdem bereits auch an vielen Orten gut zusammengearbeitet wurde, veröffentlichen wir gemeinsam folgende Erklärung.

1. Der BFP bekennt sich uneingeschränkt zur Glaubensbasis der DEA. Christen aus den freikirchlichen Pfingstgemeinden sind bereit, auf dieser biblisch-theologischen Grundlage in der DEA mitzuarbeiten und die Gemeinsamkeit des Glaubens in den Mittelpunkt zu stellen. Sie werden unterschiedliche Lehrmeinungen und spezifische Formen der Frömmigkeit innerhalb der DEA respektieren und eigene Unterschiede zu anderen Kirchen und Gemeinschaften um des gemeinsamen Zeugnisses und Dienstes willen in der Allianzarbeit zurückstellen. Das Gebet Jesu um die Einheit seiner Jünger gewinnt für uns auch angesichts der zunehmenden Säkularisierung der Gesellschaft wachsende Bedeutung.

2. Im Blick auf die Lehre über den Heiligen Geist und Praxis der Geistesgaben (Charismen) betonen DEA und BFP folgende Übereinstimmungen und treten für deren Verkündigung und praktische Umsetzung ein:

   2.1. Wir bekennen uns zum dreieinigen Gott, dem Vater, dem Sohn und dem Heiligen Geist. Der Heilige Geist ist zugleich Gottes unverfügbares und unverdientes Geschenk an gerechtfertigte Sünder. Wir nehmen diese Gabe demütig und dankbar an.

   2.2. Das grundlegende Werk des Heiligen Geistes besteht darin, dass er zur Erkenntnis der Sünde, zu echter Reue und Buße und zum rettenden Glauben an Jesus Christus führt. Der Heilige Geist verherrlicht Christus und bewirkt mit dem Wort Gottes die Wiedergeburt eines Christen. Er rüstet die Gläubigen mit Gaben aus und gibt die Kraft zum Leben in der Heiligung, wirkt die „Frucht des Geistes" (Gal 5,22) und bevollmächtigt zum Dienst. Diese Sicht lässt kein mehrstufiges Heilsverständnis zu.

   2.3. Wir bejahen die Gnadengaben des Heiligen Geistes und die Dienste, wie sie im Neuen Testament bezeugt werden (1Kor 12 u. 14 und Röm 12). Diese dienen zur Erfüllung des missionarischen Auftrags, zum Bau der Gemeinde und zur persönlichen Erbauung. Die Praxis der Dienste und Gaben soll von Liebe und Demut geprägt sein. „Einer achte den andern höher als sich selbst" (Phil 2,3; vgl. auch 1Kor 13 in seiner zentralen Bedeutung für die Gabenlehre).

2.4. Die Gabendienste und ihre Träger sind auf Ergänzungen und Korrektur angewiesen. Sie müssen sich am in der Bibel offenbarten Wort Gottes messen lassen. Deshalb dürfen die verschiedenen Geistesgaben (z. B. Zungenreden, Heilungen, Unterscheidung der Geister etc.) nicht höher geachtet werden als die Dienste (z. B. Lehre, Leitung, Evangelisation, Barmherzigkeit etc.)

2.4.1. Prophetie im neutestamentlichen Sinne gibt es sowohl durch vollmächtige Auslegung der Heiligen Schrift in die gegenwärtige Situation von Gemeinde und Welt hinein als auch als geistgewirkte prophetische Rede. Alle Lehre, Weissagung und prophetische Rede ist am Wort der Schrift zu prüfen und zu beurteilen.

2.4.2. Beim Sprachengebet und der Sprachenrede wird die apostolische Ordnung nach 1Kor 14 verbindlich anerkannt.

2.4.3. Krankenheilungen sind freie und unverfügbare Geschenke Gottes. Sie weisen zeichenhaft auf den vollbrachten Sieg am Kreuz und auf das kommende Gottesreich hin. Da wir aber „im Glauben und nicht im Schauen" (2Kor 4,18) leben, gilt es, in Verkündigung und Seelsorge neben der Bitte um Krankenheilung stets deutlich zu machen, dass Gott auch in Zeiten der Krankheit segnen und sich verherrlichen kann.

3. Wir bedauern, dass spektakuläre Erscheinungen, wie z. B. das „Ruhen im Geist", „Lachen im Geist", die Austreibung sogenannter „territorialer Geister" usw. zur Verunsicherung, Verwirrung und zu Spaltungen in der Gemeinde Jesu geführt haben. Ungeachtet der unterschiedlichen Bewertungen im Einzelnen sind wir uns einig, dass, um des gemeinsamen Auftrags in der Evangelischen Allianz willen, insbesondere im Zusammenhang von Veranstaltungen, Projekten usw., die im Rahmen und in der Verantwortung der Evangelischen Allianz durchgeführt werden, solche umstrittenen Inhalte keinen Raum finden.

4. Das Präsidium Freikirchlicher Pfingstgemeinden und der Hauptvorstand der Deutschen Evangelischen Allianz sind bereit, bei sich ergebenden Schwierigkeiten in der praktischen Zusammenarbeit auf örtlicher oder regionaler Ebene an klärenden Gesprächen mitzuwirken.

Deutsche Evangelische Allianz e. V.
Stuttgart, den 1. Juli 1996
  Dr. Rolf Hille – 1. Vorsitzender
  Peter Strauch – 2. Vorsitzender
  Hartmut Steeb – Generalsekretär
  Christoph Morgner – Präses des Evangelischen
  Gnadauer Gemeinschaftsverbandes

Bund Freikirchlicher Pfingstgemeinden
Erzhausen, den 1. Juli 1996
  Infolg Ellßel – Präses
  Gottlob Ling – Stellvertreter Präses a.A.
  Gerhard Oertel – Bundessekretär
  Richard Krüger – Direktor des Theologischen Seminares Beröa

Gemeinsame Erklärung des Evangelischen Gnadauer Gemeinschaftsverbandes und des Mülheimer Verbandes Freikirchlich-Evangelischer Gemeinden zur „Berliner Erklärung" von 1909

„Jesus Christus ist uns gemacht von Gott zur Weisheit und zur Gerechtigkeit und zur Heiligung und zur Erlösung" (1. Korinther 1,30).

Vor 100 Jahren, am 15. September 1909, wurde die „Berliner Erklärung" verabschiedet. Sie wurde von 56 Persönlichkeiten aus dem Raum der Evangelischen Allianz, darunter mehrere Vertreter des Gnadauer Vorstandes, unterzeichnet. Sie verurteilte die in dieser Zeit entstehende Pfingstbewegung wegen des „falschen Geistes", der in dieser wirke. Vertreter der Pfingstbewegung antworteten am 29. September 1909 mit der „Mülheimer Erklärung".

Die unterschiedliche Bewertung der Pfingstbewegung, der in ihr auftretenden Phänomene und der Heiligungstheologie von Jonathan Paul führte schließlich zu einer schmerzlichen Trennung in der erwecklichen Bewegung Deutschlands, die in den folgenden Jahrzehnten an vielen Orten ein konstruktives Miteinander verhinderte.

Auch wenn die „Berliner Erklärung" kein Dokument einer bestimmten Institution war, sind der Evangelische Gnadauer Gemeinschaftsverband und der Mülheimer Verband Freikirchlich-Evangelischer Gemeinden in besonderer Weise Nachfolger der damals betroffenen und verantwortlichen Personen.

Seit den siebziger Jahren fanden immer wieder wechselseitige Gespräche statt, in denen eine wachsende inhaltliche Annäherung erkennbar wurde.

Die Leitungsgremien beider Bewegungen erklären nun nach erneutem geschwisterlichem Austausch, theologischem und historischem Arbeiten und gemeinsamem Gebet:

Wir erkennen in der „Berliner Erklärung" wie auch in der Mülheimer Erwiderung ein ernsthaftes geistliches Ringen, in kritischer Zeit Schaden von der Gemeinde Jesu abzuwenden. Diese historischen Dokumente haben jedoch für das gegenwärtige Miteinander von Gnadauer und Mülheimer Verband keine Bedeutung. Wir wissen, dass in der jeweils anderen Bewegung der Geist Jesu Christi wirkt.

Die Themen der beiden Erklärungen aufnehmend bekunden wir:

Wir vertreten gemeinsam eine biblisch-reformatorische Heiligungslehre. Auf der Grundlage der Rechtfertigung durch Christus allein ermöglicht der Heilige Geist ein Wachstum in der Heiligung.

Wir fördern theologische Arbeit, die uns zu biblisch begründeten Urteilen verhilft. So können wir ungesunden Lehren und Praktiken in angemessener Weise begegnen.

Wir ermutigen unsere Gemeinden und Gemeinschaften, nach dem Zeugnis vom Heiligen Geist, seiner Frucht und seinen Gaben zu fragen, entsprechend zu lehren und seiner Kraft zu vertrauen.

Wir erbitten Gottes Gnade, die uns zur Heiligen Schrift, zum Erlösungswerk Jesu Christi und zu einem Leben aus der Kraft des Heiligen Geistes führt. Gemeinsam sehen wir uns besonders durch die missionarische Situation in unserem Land herausgefordert.

Wir sind dankbar für bereits entstandene Formen der Zusammenarbeit zwischen unseren Gemeinschaften und Gemeinden. Wir wollen diese weiter fördern.

Die gemeinsame Basis der Evangelischen Allianz bietet dafür eine tragfähige Grundlage.

„Jesus Christus ist unser Friede" (Epheser 2,14).

Der Vorstand des Evangelischen Gnadauer Gemeinschafts-verbandes / Die Leitung des Mülheimer Verbandes Freikirchlich-Evangelischer Gemeinden, Januar 2009

Endnoten

[i] H. Haarbeck, „Flugfeuer fremden Geistes", Offenbach am Main 1957, S.71

[ii] Hermann Schöpwinkel, „Enthusiastisches Christentum oder Flugfeuer fremden Geistes?"MS Berlin, 1977, S. 10

[iii] S. Holthaus, „Die Berliner Erklärung – Vorgeschichte und Zustandekommen", Hammerbrücke 2006, S. 7f

[iv] Walter Michaelis, „Erkenntnisse und Erfahrungen aus fünfzigjährigen Dienst am Evangelium", Stuttgart-Hohenheim o.J. (Korntaler Hefte 7), S. 219f

[v] Ebenda, S. 249ff

[vi] Paul Scheuerle, „Die Sekten der Gegenwart", Stuttgart 1923, S. 50ff

[vii] Elias Schrenk, „Die Pfingstbewegung", Buchhandlung des Philadelphiavereins, Stuttgart o.J., S. 11

[viii] H. Haarbeck, „Flugfeuer fremden Geistes", Offenbach am Main 1957, S. 43

[ix] Ernst Giese, „... und flicken die Netze", Metzingen: Ernst Franz: 1983 (1976), S. 135

[x] Hans v. Sauberzweig, „Er der Meister wir die Brüder", 2. Auflage, Denkendorf 1959, S. 211

[xi] H. Masuch, „Ihre Stimme zur Berliner Erklärung", o.O.oJ, S. 3.

[xii] Werner Bayer, Kommentar in Onlinausgabe der Nachrichter der Evangelischen Allianz vom 16.1.2009

[xiii] Karl Heussi, „Kompendium der Kirchengeschichte", 16. Auflage, Tübingen 1981

[xiv] Ebenda, S. 148ff

[xv] Ebenda, S. 165

[xvi] Rainer Wagner, „2000 Jahre Gemeinde Jesu Christi zwischen Spaltungen und Ökumene", Wuppertal 2004, S. 287

[xvii] Karl Heussi, „Kompendium der Kirchengeschichte", 16. Auflage, Tübingen 1981, S. 217ff

[xviii] Digitale Bibliothek, RGG III, Berlin 2000, S. 22806ff

[xix] Hans v. Sauberzweig, „Er der Meister wir die Brüder", 2. Auflage, Denkendorf 1959, S. 10f

xx   Rainer Wagner, „2000 Jahre Gemeinde Jesu Christi ...",
Wuppertal 2004, S. 83

xxi   Ebenda, S. 286

xxii   Rainer Wagner, „2000 Jahre Gemeinde Jesu Christi ...",
Wuppertal 2004, S. 83

xxiii   Karl Heussi, „Kompendium der Kirchengeschichte",
16. Auflage, Tübingen 1981, S. 306

xxiv   Rainer Wagner, „2000 Jahre Gemeinde Jesu Christi ...",
Wuppertal 2004, S. 174

xxv   idea spektrum 48/2008, S. 26

xxvi   Hans v. Sauberzweig, „Er der Meister wir die Brüder",
2. Auflage, Denkendorf 1959, S. 27

xxvii   Dieter Lange, „Eine Bewegung bricht sich Bahn", Berlin
1979, S. 18

xxviii   Wilhelm Goeters, „Die Vorbereitung des Pietismus", Leipzig
1911, S. 107

xxix   Paulus Scharpff, „Geschichte der Evangelisation",
Giessen/Basel 1980, S. 25

xxx   Karl Heussi, „Kompendium der Kirchengeschichte",
16. Auflage, Tübingen 1981, S. 459

xxxi   Dieter Lange, „Eine Bewegung bricht sich Bahn", Berlin
1979, S. 21

xxxii   Jakob Schmitt, „Die Gnade bricht durch", Giessen 1984,
S. 219

xxxiii   Ebenda, S. 90f

xxxiv   Karl Heussi, „Kompendium der Kirchengeschichte",
16. Auflage, Tübingen 1981, S. 396

xxxv   Ebenda, S. 401

xxxvi   Ebenda, S. 405ff

xxxvii   Ebenda, S. 478

xxxviii   Hans v. Sauberzweig, „Er der Meister wir die Brüder",
2. Auflage, Denkendorf 1959, S. 53ff

xxxix   Dieter Lange, „Eine Bewegung bricht sich Bahn", Berlin
1979, S. 21

xl   Karl Heussi, „Kompendium der Kirchengeschichte",
16. Auflage, Tübingen 1981, S. 304

xli   Ebenda S. 478f

xlii   K. Weber, „Dr.F.W. Baedeker-ein Weltreisender Gottes",
Metzingen 1956

[xliii] Karl Heussi, „Kompendium der Kirchengeschichte", 16. Auflage, Tübingen 1981, S. 478f

[xliv] Paulus Scharpff, „Geschichte der Evangelisation", Giessen/Basel 1980, S. 223ff

[xlv] Otto Melle, „50 Jahre Blankenburger Konferenz", Bad Blankenburg 1936, S. 141ff

[xlvi] Dieter Lange, „Eine Bewegung bricht sich Bahn", Berlin 1979, S. 29f

[xlvii] H. Hemelink, „Geschichte der Evangelischen Kirche in Württemberg von der Reformation bis zur Gegenwart", Stuttgart/Tübingen 1949

[xlviii] Jakob Schmitt, „Die Gnade bricht durch", Giessen 1984

[xlix] Hans v. Sauberzweig, „Er der Meister wir die Brüder", 2. Auflage, Denkendorf 1959, S. 351ff

[l] Dieter Lange, „Eine Bewegung bricht sich Bahn", Berlin 1979, S. 21ff

[li] Ebenda, S. 29

[lii] S. Holthaus, „Die Berliner Erklärung – Vorgeschichte und Zustandekommen", Hammerbrücke 2006, S. 5

[liii] Dieter Lange, „Eine Bewegung bricht sich Bahn", Berlin 1979, S. 30

[liv] Paulus Scharpff, „Geschichte der Evangelisation", Giessen/Basel 1980, S. 193ff

[lv] Ebenda, S. 5

[lvi] Hans v. Sauberzweig, „Er der Meister wir die Brüder", 2. Auflage, Denkendorf 1959, S. 68ff

[lvii] Peter Schicketanz, „Der Pietismus von 1675 bis 1800", in: Kirchengeschichte in Einzeldarstellungen III/1, Leipzig 2001, S. 134f

[lviii] Paulus Scharpff, „Geschichte der Evangelisation", Giessen-Basel 1980, S. 244ff

[lix] Dieter Lange, „Eine Bewegung bricht sich Bahn", Berlin 1979, S. 47f

[lx] Hans v. Sauberzweig, „Er der Meister wir die Brüder", 2. Auflage, Denkendorf 1959, S. 77f

[lxi] S. Holthaus, „Die Berliner Erklärung – Vorgeschichte und Zustandekommen", Hammerbrücke 2006, S. 5

[lxii] H.Klemm, „Elias Schrenk – Der Weg eines Evangelisten", Wuppertal 1961, S. 161f

[lxiii] Dieter Lange, „Eine Bewegung bricht sich Bahn", Berlin 1979, S. 73

[lxiv] Paulus Scharpff, „Geschichte der Evangelisation", Giessen/Basel 1980, S. 254

[lxv] Karl Heussi, „Kompendium der Kirchengeschichte", 16. Auflage, Tübingen 1981, S. 479

[lxvi] Paulus Scharpff, „Geschichte der Evangelisation", Giessen/Basel 1980, S. 254

[lxvii] Kurt Heimbucher und Theo Schneider, „Sammlung und Zeugnis", Gnadauer Dokumente I, Giessen/Basel/Dillenburg 1988, S. 43ff

[lxviii] Max Runge, „Stimmen der Väter", Berlin 1958, S. 39

[lxix] Hans v. Sauberzweig, „Er der Meister wir die Brüder", 2. Auflage, Denkendorf 1959, S. 177

[lxx] Dieter Lange, „Eine Bewegung bricht sich Bahn", Berlin 1979, S. 117

[lxxi] Hans v. Sauberzweig, „Er der Meister wir die Brüder", 2. Auflage, Denkendorf 1959, S. 177f

[lxxii] Paulus Scharpff, „Geschichte der Evangelisation", Giessen/Basel 1980, S. 257f

[lxxiii] Dieter Lange, „Eine Bewegung bricht sich Bahn", Berlin 1979, S.165f

[lxxiv] Walter Michaelis, „Erkenntnisse und Erfahrungen aus fünfzigjährigem Dienst am Evangelium", Stuttgart-Hohenheim o.J. (Korntaler Hefte 7), S. 221f

[lxxv] Paulus Scharpff, „Geschichte der Evangelisation", Giessen/Basel 1980, S. 244

[lxxvi] Theodor Jellinghaus, „Das völlige, gegenwärtige Heil durch Christum", Basel: P. Kober C.F. Spittler Nachf., 1884

[lxxvii] Hans v. Sauberzweig, „Er der Meister wir die Brüder", 2. Auflage, Denkendorf 1959, S. 71

[lxxviii] Max Runge, „Johannes Seitz und der Aufbruch der neuen Gemeinschaftsbewegung", Berlin 1969, S. 111

[lxxix] Ebenda, S. 118

[lxxx] Allgemeine-Evangelisch-Lutherische Kirchenzeitung, Leipzig 1904, Sp. 532

[lxxxi] Kurt Heimbucher und Theo Schneider, „Sammlung und Zeugnis", Gnadauer Dokumente I, Giessen/Basel/Dillenburg 1988, S. 45

[lxxxii] Max Runge, „Johannes Seitz und der Aufbruch der neuen Gemeinschaftsbewegung", Berlin 1969, S. 118f

[lxxxiii] S. Holthaus, „Die Berliner Erklärung – Vorgeschichte und Zustandekommen", Hammerbrücke 2006, S. 6f

[lxxxiv] Walter Michaelis, „Erkenntnisse und Erfahrungen aus fünfzigjährigem Dienst am Evangelium", Stuttgart-Hohenheim o.J. (Korntaler Hefte 7), S. 228ff

[lxxxv] Hans v. Sauberzweig, „Er der Meister wir die Brüder", 2. Auflage, Denkendorf 1959, S. 185ff

[lxxxvi] Evangelisches Allianzblatt Bad Blankenburg, „Die Torry-Alexandermission",1903, S. 75ff

[lxxxvii] Paulus Scharpff, „Geschichte der Evangelisation", Giessen/Basel 1980, S. 200f

[lxxxviii] Evangelisches Allianzblatt Bad Blankenburg, 1905, S. 357 ff und 365ff

[lxxxix] Walter Michaelis, „Erkenntnisse und Erfahrungen aus fünfzigjährigen Dienst am Evangelium", Stuttgart-Hohenheim o.J. (Korntaler Hefte 7), S. 219f

[xc] Paulus Scharpff, „Geschichte der Evangelisation", Giessen/Basel 1980, S. 220

[xci] Dieter Lange, „Eine Bewegung bricht sich Bahn", Berlin 1979, S. 163

[xcii] Kirchliches Jahrbuch für die evangelischen Landeskirchen Deutschlands, Gütersloh1906, S. 219

[xciii] Dieter Lange, „Eine Bewegung bricht sich Bahn", Berlin 1979, S. 163

[xciv] „Auf der Warte", Nemünster Februar 1905, S. 7ff, und März 1905, S. 6ff

[xcv] S. Holthaus, „Die Berliner Erklärung – Vorgeschichte und Zustandekommen", Hammerbrücke 2006, S. 11

[xcvi] E.Modersohn, „Er führet mich auf rechter Straße", Bad Blankenburg 1948

[xcvii] Dieter Lange, „Eine Bewegung bricht sich Bahn", Berlin 1979, S. 165

[xcviii] S. Holthaus, „Die Berliner Erklärung – Vorgeschichte und Zustandekommen", Hammerbrücke 2006, S. 9

[xcix] W. Bühne, „Die Propheten kommen", Bielefeld 1994, S. 16

[c] Max Runge, „Johannes Seitz und der Aufbruch der neuen Gemeinschaftsbewegung", Berlin 1969, S. 12

[ci] Ebenda, S. 91ff

[cii] Ebenda, S. 11ff

[ciii] Otto Stockmayer, Krankheit und Evangelium: Ein Wort an Kinder Gottes, Marburg: Edel 1975

[civ] Paul, „Schon hier selig", a.a.O., S. 151-178

[cv] S. Holthaus, „Die Berliner Erklärung – Vorgeschichte und Zustandekommen", Hammerbrücke 2006, S. 9

[cvi] Reinhard Hempelmann, Materialdienst der Evangelische Zentralstelle für Weltanschauungsfragen, Berlin, 4/2006

[cvii] Paul Scheuerlen, „Die Sekten der Gegenwart", Stuttgart 1923, S. 94

[cviii] Chr. Krust, „50 Jahre deutsche Pfingstbewegung, Mülheimer Richtung", Altdorf b. Nürnberg 1959, S. 42

[cix] Paul Scheuerlen, „Die Sekten der Gegenwart", Stuttgart 1923, S. 94

[cx] Dieter Lange „Eine Bewegung bricht sich Bahn" Berlin 1979 S. 170

[cxi] Evangelisches Allianzblatt Bad Blankenburg 1907, S. 85f

[cxii] Reinhard Hempelmann, Materialdienst der Evangelischen Zentralstelle für Weltanschauungsfragen, Berlin, 4/2006

[cxiii] Paul Fleisch, „Die Pfingstbewegung in Deutschland", Hannover 1957, S. 15

[cxiv] H. Haarbeck, „Flugfeuer fremden Geistes", Offenbach am Main 1957, S. 8

[cxv] Dieter Lange, „Eine Bewegung bricht sich Bahn", Berlin 1979, S. 173

[cxvi] Reinhard Hempelmann, Materialdienst der Evangelischen Zentralstelle für Weltanschauungsfragen, Berlin, 4/2006

[cxvii] Frank Bartlman, „ Feuer fällt in Los Angeles", Hamburg 1983, S. 10. (Vorwort von Vinson Synan)

[cxviii] Hans v. Sauberzweig, „Er der Meister wir die Brüder", 2. Auflage, Denkendorf 1959, S. 189

[cxix] H. Haarbeck, „Flugfeuer fremden Geistes", Offenbach am Main 1957, S. 9

[cxx] Paul Scheuerlen, „Die Sekten der Gegenwart", Stuttgart 1923, S. 94

[cxxi] Hans v. Sauberzweig, „Er der Meister wir die Brüder", 2. Auflage, Denkendorf 1959, S. 189

[cxxii] Dieter Lange, „Eine Bewegung bricht sich Bahn", Berlin 1979, S. 173

[cxxiii] Ebenda, S. 110

[cxxiv] Evangelisches Allianzblatt Bad Blankenburg, 1907, S. 116f

[cxxv] Ebenda, S. 164

[cxxvi] Ebenda, S. 155ff, S. 162ff, S. 179ff

[cxxvii] Ebenda, S. 177

[cxxviii] Walter Michaelis „Erkenntnisse und Erfahrungen aus fünfzigjährigem Dienst am Evangelium", Stuttgart-Hohenheim o.J. (Korntaler Hefte 7), S. 224

[cxxix] Hans v. Sauberzweig, „Er der Meister wir die Brüder", 2. Auflage, Denkendorf 1959, S. 190

[cxxx] Dieter Lange, „Eine Bewegung bricht sich Bahn", Berlin 1979, S. 178

[cxxxi] Zitiert nach: Otto Schopf, „Zur Cassler Bewegung", Bonn o.J, in: Dieter Lange, „Eine Bewegung bricht sich Bahn", Berlin 1979, S. 178

[cxxxii] Dieter Lange, „Eine Bewegung bricht sich Bahn", Berlin 1979, S. 179

[cxxxiii] H. Haarbeck, „Flugfeuer fremden Geistes", Offenbach am Main 1957, S. 10

[cxxxiv] S. Holthaus, „Die Berliner Erklärung – Vorgeschichte und Zustandekommen", Hammerbrücke 2006, S. 13

[cxxxv] Hans v. Sauberzweig, „Er der Meister wir die Brüder", 2. Auflage, Denkendorf 1959, S. 194

[cxxxvi] Ebenda, S. 193

[cxxxvii] H. Haarbeck, „Flugfeuer fremden Geistes", Offenbach am Main 1957, S. 10

[cxxxviii] Dieter Lange, „Eine Bewegung bricht sich Bahn", Berlin 1979, S. 178

[cxxxix] Heinrich Dallmayer, „Die Zungenbewegung", Lindhorst 1924, S. 15

[cxl] H. Haarbeck, „Flugfeuer fremden Geistes", Offenbach am Main 1957, S. 11

[cxli] Hans v. Sauberzweig, „Er der Meister wir die Brüder", 2. Auflage, Denkendorf 1959, S. 195

[cxlii] Dieter Lange, „Eine Bewegung bricht sich Bahn", Berlin 1979, S. 183

[cxliii] H. Haarbeck, „Flugfeuer fremden Geistes", Offenbach am Main 1957, S. 16

[cxliv] Ebenda

[cxlv] Max Runge, „Johannes Seitz und der Aufbruch der neuen Gemeinschaftsbewegung", Berlin 1969, S. 120-122

[cxlvi] Evangelisches Allianzblatt Bad Blankenburg, 1905, S. 292ff; 307ff; 315ff

[cxlvii] Johannes Rubanowitsch, „Das heutige Zungenreden", Neumünster: Ihloff, o.J.

[cxlviii] Ebenda, S. 323ff

[cxlix] Dieter Lange, „Eine Bewegung bricht sich Bahn", Berlin 1979, S. 181

[cl] Heinrich Dallmayer, „Die Zungenbewegung", Lindhorst 1924, S. 89f

[cli] Ebenda, S. 92ff

[clii] H. Haarbeck, „Flugfeuer fremden Geistes", Offenbach am Main 1957, S. 15

[cliii] Kurt Heimbucher und Theo Schneider, „Sammlung und Zeugnis", Gnadauer Dokumente I, Giessen/Basel/Dillenburg 1988, S. 46

[cliv] Vergleiche Dieter Lange, „Eine Bewegung bricht sich Bahn", Berlin 1979, S.186-193

[clv] Johannes Rubanowitsch, „Das heutige Zungenreden", Neumünster o.J., S. 15

[clvi] Otto Schopf, „Zur Cassler Bewegung", Bonn o.J., S. 22

[clvii] Theodor Haarbeck, „ Die Pfingstbewegung in geschichtlicher, biblischer und psychologischer Beleuchtung", Barmen 1910, S. 17

[clviii] Paulus Scharpff, „Geschichte der Evangelisation", Giessen/Basel 1980, S. 266

[clix] Dieter Lange, „Eine Bewegung bricht sich Bahn", Berlin 1979, S. 135ff

[clx] Otto Melle, „50 Jahre Blankenburger Konferenz", Bad Blankenburg 1936, S. 148

[clxi] Hans v. Sauberzweig, „Er der Meister wir die Brüder", 2. Auflage, Denkendorf 1959, S. 201

[clxii] Ebenda, S. 201

[clxiii] Dieter Lange, „Eine Bewegung bricht sich Bahn", Berlin 1979, S. 202

[clxiv] Hans v. Sauberzweig, „Er der Meister wir die Brüder", 2. Auflage, Denkendorf 1959, S. 212

[clxv] Ebenda, S. 202ff

[clxvi] Dieter Lange, „Eine Bewegung bricht sich Bahn", Berlin 1979, S. 218

[clxvii] U.Gäbler (Hg.), „Geschichte des Pietismus", Band 3, Göttingen 2004, S. 443

[clxviii] Adolf Essen, „Gemeinschaftsbewegung und Zungenbewegung in Schlesien", Wuppertal-Elberfeld 1931, S. 79

[clxix] Ebenda, S. 176

[clxx] Ebenda, S. 175f

[clxxi] Kirchliches Jahrbuch für die evangelischen Landeskirchen Deutschlands, Gütersloh 1911, S. 173

[clxxii] Dieter Lange, „Eine Bewegung bricht sich Bahn", Berlin 1979, S. 183

[clxxiii] „Heilig dem Herrn", Herausgeber Ernst Modersohn, 1911, S. 74ff

[clxxiv] Dieter Lange, „Eine Bewegung bricht sich Bahn", Berlin 1979. S. 76

[clxxv] Kirchliches Jahrbuch für die evangelischen Landeskirchen Deutschlands, Gütersloh 1911, S. 181f

[clxxvi] Paul Fleisch, „Die Zungenbewegung in Deutschland", Hannover 1959, S. 166

[clxxvii] Kirchliches Jahrbuch für die evangelischen Landeskirchen Deutschlands, Gütersloh 1911, S. 183

[clxxviii] Kurt Heimbucher und Theo Schneider, „Sammlung und Zeugnis", Gnadauer Dokumente I, Giessen/Basel/Dillenburg 1988, S. 46

[clxxix] Ebenda

[clxxx] Dieter Lange, „Eine Bewegung bricht sich Bahn", Berlin 1979, S. 213

[clxxxi] Ebenda, S. 216f

[clxxxii] Kirchliches Jahrbuch für die evangelischen Landeskirchen Deutschlands, Gütersloh 1911, S. 212

[clxxxiii] Ebenda, S. 212f

[clxxxiv] S. Holthaus, „Die Berliner Erklärung – Vorgeschichte und Zustandekommen", Hammerbrücke 2006, S. 17

[clxxxv] Ernst Giese, „ ... und flicken die Netze", Metzingen: Ernst Franz: 1983 (1976), S. 104-108

[clxxxvi] H. Haarbeck, „Flugfeuer fremden Geistes", Offenbach am Main 1957, S. 12

[clxxxvii] Paul Scheuerlen, „Die Sekten der Gegenwart", Stuttgart 1923, S. 95f

[clxxxviii] Hans v. Sauberzweig, „Er der Meister wir die Brüder", 2. Auflage, Denkendorf 1959, S. 197f

[clxxxix] H. Haarbeck, „Flugfeuer fremden Geistes", Offenbach am Main 1957, S. 17

[cxc] Dieter Lange, „Eine Bewegung bricht sich Bahn", Berlin 1979, S. 194

[cxci] Adolf Esser, „Gemeinschafts- und Zungenbewegung", Elberfeld o.J., S. 92

[cxcii] Dieter Lange, „Eine Bewegung bricht sich Bahn", Berlin 1979, S. 225

[cxciii] Heilszeugnisse, Juli 1931

[cxciv] H. Haarbeck, „Flugfeuer fremden Geistes", Offenbach am Main 1957, S. 47f

[cxcv] Werner Bayer, Kommentar in der Onlinausgabe der Nachrichten der Evangelischen Allianz vom 16.1.2009

[cxcvi] Adolf Esser, „Gemeinschafts- und Zungenbewegung", Elberfeld o.J., S. 92

[cxcvii] idea spektrum 12/2009, S. 9

[cxcviii] Klöckner/Tworuschka, II-2.2.3.1

[cxcix] Peter Zimmerling, „Die charismatische Bewegung", Vandenhoeck & Ruprecht, 2001, S. 40f

[cc] de Semlyen, S. 30

[cci] International Catholic Renewa Office

[ccii] Ev. Lex. S. 359

[cciii] http://www.stphilippus.de/Charisma/charisma.html

[cciv] http://www.pfingstseiten.de/brauchtum/pfingstbewegung/home.html

[ccv] W. Bühne, a.a.O., S. 17 und 27f

[ccvi] Kurt Hutten, „Seher Grübler Entusiasten", 3. Auflage, S. 379ff, Stuttgart o.J.

[ccvii] H. Haarbeck, „Flugfeuer fremden Geistes", Offenbach am Main 1957, S. 32ff

ccviii http://fireinmybones.com/index.php?col=081308~
Life+After+Lakeland%3A+Sorting+Out+the+Confusion

ccix http://de.wikipedia.org/wiki/Reinhard_Bonnke

ccx Rainer Wagner, „2000 Jahre Gemeinde Jesu Christi ...",
Wuppertal 2004, S. 24

ccxi http://www.sermon-online.de/
search.pl?lang=de&id=7338&title=&biblevers=&searchstring
=&author=0&language=0&category=0&play=0|Vortrag

ccxii http://de.wikipedia.org/wiki/Torontosegen

ccxiii Wolfgang Bühne, „Die Propheten kommen", Bielefeld 1995

ccxiv idea-Dokumentation, Nr. 27, Wetzlar 1994, S. 61

ccxv idea 17/2001, S. 20f

ccxvi http://eins.scm-digital.net/show.sxp/
4506_scheidung__lakewood-
erweckungspastor_gibt_trennung_b.html

ccxvii Lee Grady, „Life After Lakeland: Sorting Out the
Confusion", http://fireinmybones.com/, 13. August, 2008

ccxviii idea-spektrum 14/09 und Topik 4/ 2009 S. 5

ccxix idea spektrum vom 23. Jan. 2002, Nr. 4/02.

ccxx Klöckner/Tworuschka Handbuch der religionen Landsberg
1997 II - 4.1., S. 3

ccxxi idea 3/09, S. 21

ccxxii Stellungnahme der „Initiative Berliner Erklärung" zur
Kasseler Erklärung, veröffentlicht als Anzeige in idea
spektrum 34/1996.

ccxxiii http://www.bfp.de/wir-ueber-uns/geschichte/
berliner-und-kasseler-erklaerung.html

ccxxiv http://www.idea.de/index.php?id=355&tx_ttnews%5
BbackPid%5D=18&tx_ttnews%5Btt_news%5D=71939&cHas
h=3bafe9b82f

ccxxv Hans v. Sauberzweig, „Er der Meister wir die Brüder",
2. Auflage, Denkendorf 1959, S. 201

ccxxvi H. Haarbeck „Flugfeuer fremden Geistes", Offenbach am
Main 1957, S. 15

ccxxvii http://www.bfp.de/wir-ueber-uns/geschichte/berliner-und-
kasseler-erklaerung.html

ccxxviii Johannes Rubanowitsch, „Das heutige Zungenreden",
Neumünster o.J., S. 15

Weitere Bücher von Rainer Wagner

Praxisbuch Kurzbibelschule, Hänsslerverlag Neuhausen Stuttgart 1991, Neuauflagen 1998 und 2005, ISBN 3-933372-83-6; die aktuelle 3. verb. Auflage ist bei VTR, ISBN 978-3-933372-83-3, erhältlich.

Arbeitsbuch Heilsplan Glaubenslehre, Lahr: Verl. der Liebenzeller Mission, 1995, ISBN 3-88002-554-1; Übersetzung ins Russische 2004 und ins Ungarische 2006

Alle in einem Boot - Ökumene und der Preis der Einheit, CLV, Bielefeld 2000, ISBN 3-89397-455-5

Gemeinde Jesu zwischen Spaltung und Ökumene - 2000 Jahre Kirchengeschichte aus bibeltreuer Sicht, Verlag für Reformatorische Erneuerung, Wuppertal 2002, ISBN 3-87857-314-6

Mit 15 im Knast, VTR, Nürnberg 2006, ISBN 3-937965-32-7

Buchempfehlungen

Charles C. Ryrie
Ihr werdet Kraft empfangen!
Was die Bibel über den Heiligen Geist lehrt
Pb., 240 Seiten

Jeder Bibelleser kann Gewinn aus dieser praktischen Studie über die Person und das Wirken des Heiligen Geistes ziehen. Alle wichtigen Lehren werden klar dargestellt und erklärt (mit Grafiken und Schaubildern). Auf der Basis des Wortes Gottes be han delt der Autor u.a. Geistestaufe, Sünde gegen den Heiligen Geist, Gaben, das Sprachengebet u.v.m.

Best.-Nr. 273.367
EUR (D) 14,90 EUR (A) 15,30 SFR 27,30
ISBN 978-3-89436-367-3

Christliche Verlagsgesellschaft mbH
Kompetent. Profiliert. Engagiert.

Charles C. Ryrie
Ausgewogen statt abgehoben
(mit Studienteil)
Der Weg zu einem echten
geistlichen Leben
Geb., 296 Seiten

Wie erreicht ein Christ eine
biblische und dennoch
praktische Ausgewogenheit in
seinem Leben? Charles C.
Ryrie zeigt in seinem Buch
einen nachvollziehbaren Weg
auf. Er definiert echte
Geistlichkeit und erklärt, was der Mensch ist und was er
durch Jesus Christus werden kann. Dabei behandelt er
praktische Themen wie Hingabe an Gott, Geld, geistliche
Gaben, Kennzeichen eines geisterfüllten Lebens,
Versuchung u.v.a.

Best.-Nr. 273.571
EUR (D) 14,90 EUR (A) 15,30 SFR 27,30
ISBN 978-3-89436-571-4

Christliche Verlagsgesellschaft mbH
Kompetent. Profiliert. Engagiert.

Erwin W. Lutzer
Einig in der Wahrheit?
Grundlegende Kontroversen in der Geschichte des Christentums
Pb., 272 Seiten

Biblische Lehre ist ein notwendiges Element des christlichen Glaubens. Bestimmte Überzeugungen haben jedoch im Lauf der Kirchengeschichte zu Trennungen und Spaltungen geführt. Erwin Lutzer untersucht die geschichtlichen Hintergründe solcher trennenden Glaubenslehren und liefert den biblischen Befund dazu. Dabei geht es ihm nicht um Nebensächlichkeiten, die man im Interesse der Einheit ignorieren kann. Es geht um Themen wie Maria als Mutter Gottes, das Papsttum, Recht fertigung, Abendmahl und Taufe sowie um Lehr streite, wie zwischen Calvin und Arminius.

Best.-Nr. 273.525
EUR (D) 10,90 EUR (A) 11,20 SFR 19,50
ISBN 978-3-89436-525-7

Christliche Verlagsgesellschaft mbH
Kompetent. Profiliert. Engagiert.

Erwin W. Lutzer
„Wenn ihr urteilt ..."
(überarbeitete Neuauflage des
Titels „Wer bist du, dass du
andere richtest?")
Leben zwischen Richtgeist
und Toleranz
Pb., 240 Seiten

Wir brauchen heute ein
gesundes Urteilsvermögen, um
die vielen Einflüsse in Welt
und Gemeinde weise
unterscheiden zu können. Bei
der Gratwanderung zwischen lieblosem Richtgeist und
unkritischer Toleranz haben viele die biblischen Maßstäbe
zur Beurteilung aus den Augen verloren.
Der Autor zeigt Kriterien, um Falsches und Halbwahrheit
von Wahrem zu unterscheiden, und er macht Mut, sich neu
der Herausforderung biblischen Christentums zu stellen.

Best.-Nr. 273.647
EUR (D) 13,90 EUR (A) 14,30 SFR 25,40
ISBN 978-3-89436-647-6

Christliche Verlagsgesellschaft mbH
Kompetent. Profiliert. Engagiert.

Friedhelm Jung
Was ist evangelikal?
Tb., 96 Seiten

Dr. Friedhelm Jung, Dozent am Bibelseminar Bonn, gibt in dieser Dokumentation einen Überblick über die sog. evangelikale Bewegung. Welche Gemeinden zählen dazu? Systematisch und ausgewogen geht der Autor diesen und anderen Fragen nach und schafft Durchblick im für viele unübersichtlichen „Gemeindewald".

Best.-Nr. 273.528
EUR (D) 4,50 EUR (A) 4,60 SFR 8,70
ISBN 978-3-89436-528-8

Christliche Verlagsgesellschaft mbH
Kompetent. Profiliert. Engagiert.

Rudolf Möckel
Anbetung als Lebensstil
Von der Freude und
Motivation Gott anzubeten
Tb., 96 Seiten

Man spricht heute in den
Gemeinden sehr viel über
Anbetung. Schnell kann man
feststellen, dass es
unterschiedliche Ansichten
darüber gibt, was wahre
Anbetung ist und wie man sie
im persönlichen Gebet und im
Gottesdienst praktizieren

sollte. Dieses Buch wird jedem helfen, Aussagen der Bibel
zu dieser Frage zu untersuchen.

Best.-Nr. 273.433
EUR (D) 5,90 EUR (A) 6,10 SFR 11,30
ISBN 978-3-89436-433-5

Christliche Verlagsgesellschaft mbH
Kompetent. Profiliert. Engagiert.

www.bibelbund.de

Der Bibelbund

... ist eine Vereinigung von Christen, die an Jesus Christus glauben und wie er dazu beitragen wollen, das Vertrauen in die Heilige Schrift als dem unfehlbaren und irrtumslosen Wort Gottes zu stärken.

Haltung zur Bibel

ganze Inspiration
ganze Wahrheit
ganze Einheit

Ziele des Bibelbundes

- Stärkung des Vertrauens in die Irrtumslosigkeit der Heiligen Schrift.
- Kampf für den Glauben des Evangeliums, der uns in der Bibel überliefert ist.
- Kritik der Bibelkritik und der von ihr geprägten modernen Theologie.
- Erarbeitung und Darstellung von bibeltreuer Theologie.
- Förderung des persönlichen Bibellesens zur Erfahrung der rettenden Kraft des Wortes Gottes.
- Veranstaltungen von Kongressen und Tagungen, Vorträgen,

Seminaren und Bibelwochen, die dem Anliegen des Bibelbundes dienen.

- Förderung und Herausgabe von wissenschaftlicher und allgemeinverständlicher Literatur zur Heiligen Schrift und zu angrenzenden Gebieten, wie Sprachforschung, Archäologie, Naturwissenschaften usw.

Der Bibelbund gründet keine eigenen Gemeinden, sondern unterstützt die Gläubigen vor Ort in ihren Auseinandersetzungen mit unbiblischen Entwicklungen in ihrer Umgebung. Seine Mitglieder sind bestrebt, die Wahrheit in Liebe zu bekennen.

Adressen
Für alle Bestellungen, Abonnements, Adressänderungen, Finanzen:

Bibelbund e.V.
Geschäftsstelle
Postfach 470268
D-12311 Berlin
Telefon: (030) 4403 92-53
Telefax: (030) 4403 92-54

Für inhaltliche Fragen zu unseren Veröffentlichungen:

Bibelbund e.V.
Schriftleitung & Verlag
Ahornweg 3
D-07926 Gefell
Telefon: (036649) 79121
Telefax: (0180) 35518 27153